생태 위기와 기독교

비블로스성경인문학시리즈 2

생태 위기와 기독교

강호숙 | 박성철 | 안주봉 | 이수봉 | 조영호 | 홍인표 지음
박성철 책임 편집

저자 소개

강호숙 박사

건국대학교 영어영문학과를 졸업한 후, 총신대학교 신학대학원에서 신학석사(Th. M.)와 논문「교회여성리더십의 이론적 근거와 실천방안 연구」로 실천신학 철학박사(Ph. D.) 학위를 받았다. 총신대학교에서 '현대사회와 여성'을, 총신대학교 신학대학원에서는 '교회 여성의 이해와 사역'을 강의하였다. 웨스트민스터신학대학원대학교에서 '성경과 여성', '기독 신앙과 성', '여성과 설교'를 강의하였으며, 현재는 기독인문학연구원에서 '여성의 눈으로 성경 읽기' 강좌를 진행하고 있다. 저서로『여성이 만난 하나님』(2016)과『성경적 페미니즘과 여성 리더십』(2020) 등이 있다.

박성철 박사

총신대학교 신학과와 신학대학원을 졸업한 후, 경희대학교 NGO대학원에서 시민사회학으로 석사학위를 받았고 독일 본(Bonn)대학교에서 신학석사(Mag. Theol.)와 정치 신학 연구로 철학박사(Dr. Phil.) 학위를 받았다. 총신대학교 신학대학원 강사와 횃불트리니티신학대학원대학교 초빙교수와 경희대학교 공공대학원 객원교수를 역임했으며 현재 하나세교회와 교회와사회연구소 대표로 재직하고 있다. 저서로『종교 중독과 기독교 파시즘』(2020)과 공저로『칭의와 정의』(2017),『성폭력, 성경, 한국 교회』(2019),『혐오를 부르는 이름, 차별』(2020)이 있다.

안주봉 박사

총신대학교 역사교육과를 졸업한 후, 건국대학교 대학원 사학과에서 서양사 석사를, 고려대학교 대학원 사학과에서 서양사 박사학위를 받았다. 건국대학교, 경희대학교 고려대학교, 상명대학교, 순천향대학교, 안양대학교, 총신대학교 등에서 강사를 역임했다. 박사 논문으로 "존 번연의 생애와 사상"이 있으며, 번역서(공역)로 "영국혁명 1640", 연구논문으로 "멀티미디어 시대와 역사학"(2008), "17세기 잉글랜드에서 종교와 과학"(2012), "존 번연의 산문에 나타난 국가 이미지 연구"(2016) 등이 있다.

이수봉 박사

총신대학교 신학과와 신학대학원을 졸업한 후, 총신대학교 일반대학원에서 신학석사(Th. M.)와 조직신학적 관점에서의 통일신학 연구로 철학박사(Ph. D.) 학위를 받았다. 통일시대가 지향해야 할 가치 정립을 위해 후속 연구를 하고 있다. (사)기독교북한선교회에서 22년간 사무총장으로 사역하였으며, 현재는 기독교통일학회 총괄총무, 선교통일한국협의회 사무총장으로 사역하면서 ACTS 선교대학원 북한선교학과에서 강의를 하고 있다.

조영호 박사

안양대학교와 신학대학원 그리고 협성대학교신학대학원을 졸업했다. 이후, 독일 부퍼탈/베델 신학대학교에서 기후변화에 직면한 생태적 창조신학으로 박사(Dr. Theol)학위를 받았다. 현재 안양대학교 겸임교수로 재직하고 있으며 백석대학교, 숭실대학교 등에서 강사로 학생들을 가르치고 있다. 저서로 『기후 위기와 기독교』(2021) 등이 있으며 다수의 논문을 발표하였다.

홍인표 박사

충남대학교 음악학과에서 성악을 전공하였고 침례신학대학교 신학대학원(M. Div) 및 대학원(Th. M)을 졸업하였다. 이후 숭실대학교 기독교학과 박사과정(Ph. D.)을 수료하였고 백석대학교 기독교전문대학원에서 논문「선교 초기 한국 교회의 여권의식에 대한 연구: 구한말과 1920년-1930년대를 중심으로」를 쓰고 박사학위(Ph. D.)를 받았다. 서울 개혁신학연구원, 인천개혁총회신학원 객원교수를 역임하였으며, 저서로는 『여성과 한국 교회』(2019)와 『자유인 김재준』(2020)이 있다. 또한 "사과나무의 소원", "내 마음 하얀 도화지"를 비롯하여 여러 편의 동요를 작시하였다.

서문

COVID-19 사태는 생태 위기가 인간에 미치는 부정적인 영향을 극명하게 보여주었다. 그동안 일부 환경운동가들에 의해 생태 위기의 심각성이 대두되었지만 지구촌의 많은 이들은 경제적 풍요와 양적 성장의 환상에 사로잡혀 이를 외면해 왔다. 게다가 생태 위기가 가져올 피해에 직접 노출되지 않았던 일부 경제 엘리트들은 오히려 생태 위기를 과소평가하며 현대 문명의 발달로 충분히 극복될 수 있는 것처럼 떠벌렸다. 한국 사회에서도 2020년 팬데믹이 전 세계를 강타하기 전까지 생태계의 붕괴와 그 부정적인 영향력에 관심을 가졌던 이들은 많지 않았다.

하지만 팬데믹으로 인한 급격한 사회적 변화는 현대인들에게 큰 충격을 안겨다 주었다. 이 충격은 우리에게 '새로운 일상'을 요구하고 있으며 이 새로운 일상은 생태 위기를 극복하기 위한 새로운 가치 체계를 필요로 한다. 최근 증가하고 있는 생태학에 대한 관심이 결국 생태학적 가치 체계의 구성으로 나아가야 하는 이유가 바로 여기에 있다. 단순히 과거의 일상을 누리기 위한 일시적인 방법론이나 이 위기를 초래한 구체제의 세계관에 대한 집착은 오히려 현재의 문제를 더욱 키울 뿐이다. 생태학적 가치 체계의 구성은 그리스도인에게도 동일하게 요구되고 있다.

13-14세기 유럽의 흑사병은 종교개혁에 영향을 주었을 뿐 아니라 르네상스를 통해 중세에서 근대로의 전환을 이끌었다. 하지만 그 전환기에 기독교는 변화하는 시대를 끌어나갈 새로운 가치 체계를 정립하는 데 실패했고 근대 이후 기독교는 공적 영역에서 영향력을 상실했다. 만약 현재의 기독교가 생태 위기를 극복할 수 있는 새로운 가치 체계를 형성하지 못한다면 변화된 세상 속에서 고립될 것이다. 이는 막스 베버(Max Weber)가 이야기한 세계관의 문제이기도 하다. 그리스도인의 세계관이 생태 위기의 문제를 담아낼 수 없다면 21세기 그리스도인은 마태복음 제5장 13-16절에 언급된 세상의 '소금과 빛'으로서 역할을 더 이상 감당하지 못할 것이다.

본서는 생태 위기를 극복하기 위한 기독교적 인식과 행동방식을 찾기 위해 2020년 하반기 동안 '비블로스성경인문학연구소'와 '기독인문학연구원'이 공동으로 진행한 연구프로젝트 '생태학과 기독교'의 결과물이다. 종교철학, 조직신학, 실천신학, 역사학, 역사신학을 전공한 6명의 연구자들이 모여 각자의 전공 분야를 통해 생태 위기를 깊이 있게 탐구하고 성찰하며 새로운 기독교적 세계관의 기반을 놓기 위해 치열하게 논쟁하였고 8명의 성서신학 전공자들이 연구자들의 성서 해석과 관련하여 비판적 제안으로 도왔다. 이러한 협력

작업은 생태 위기가 특정 연구 분야에 대한 탐구만으로는 극복될 수 없으며 새로운 가치 체계는 다양한 학문적 접근을 통해서만이 정립될 수 있다는 문제의식을 공유하였기 때문에 가능한 것이었다. 그간의 노력은 연구자들과 협력자들에게 고민과 갈등을 통해 새로운 희망을 찾아가는 과정이었다.

본서는 6명의 저자가 공동으로 저술하였으며 총 2부로 구성되어 있다. 제1부는 생태 위기와 관련된 이론적 배경을 살핀다. 제1장 "생태 위기와 근대 개발 이데올로기"는 오늘날 생태 위기를 초래한 근대 개발 이데올로기를 비판함으로써 생태학적 공존을 위한 그리스도인의 새로운 인식과 공적 참여의 가능성을 살펴본다. 제2장 "기후 위기, 윤리 그리고 교리"는 오늘날의 기후 위기를 기독교 윤리학의 관점에서 성찰함으로써 이를 극복하기 위한 교회의 사회적 행동에 필요한 신학적 기반을 제시한다. 제3장 "COVID-19 위기 그리고 환경과 신학의 과거와 미래"는 과거 팬데믹이 신학에 미치는 영향을 살펴봄으로써 COVID-19 시대에 신학이 나아가야 할 길을 역사학적 관점에서 찾는다.

제2부는 생태 위기와 관련된 현실 인식과 실천을 다룬다. 제1장 "강아지 키우는 엄마 설교자의 생태실천신학 이야기"는 생태 위기를 초래한 구체제의 가치 체계에 내재한 가부장성이 생명윤리에 미치는 부정적 영향력을 비판하고 여성학적 관점에서 생태실천신학의 가능성을 다룬다. 제2장 "생태 위기와 생태 정의에서 배우는 통일"은 생태학적 인식의 전환이 기독교적 통일 담론에 미칠 영향과 새로운 가능성을 조직신학적 관점에서 조명한다. 제3장 "권정생의 문학작품에 나타난 생활세계 속 생태의식"은 권정생 선생의 문학작품 속

에 담겨 있는 생태학적 가치와 기독교 사상 사이의 상관관계를 분석함으로써 그리스도인에게 필요한 생활세계 속 생태의식을 제시한다.

본서의 연구자들은 생태 위기를 총체적으로 파악하기 위해 생태학을 비롯한 다양한 학문 분야들 사이의 협력 연구를 시도했다. 하지만 제한된 시간과 일정 속에서 진행된 학제 간 연구가 현실의 모든 생태학적 문제들을 해결할 수 있는 대안을 제시하기에 충분하지는 않을 것이다. 하지만 적어도 한국 교회와 그리스도인들이 생태 위기를 해결하기 위해 공적 영역에 참여할 때 필요한 첫걸음을 내딛는 데 작은 도움이 될 수는 있을 것이다. 이 연구를 통해 생태 위기에 대한 그리스도인의 관심이 더욱 확대되기를 소망한다.

남한산성 아래서
책임편집자 박성철

CONTENTS

제1부

/

생태 위기와 관련된 이론적 배경

제1장

생태 위기와 근대 개발 이데올로기

박성철*

I. 들어가는 말

2020년 한 해 동안 전 세계를 강타하였던 COVID-19 사태의 충격은 중세의 몰락을 가져왔던 14세기 흑사병에 비견할 수 있을 정도였다. 다른 점이 있다면 질병의 원인을 알 수 없어 '신적 형벌'로 받아들였던 중세의 서구인들과 달리 현대인들은 21세기의 팬데믹이 '자연을 개발함으로써 축적되는 부와 물질적 풍요'를 통해 형성되는 근대적 유토피아를 추구하였던 인간들이 만들어 낸 재해라는 것을 알고 있다는 것이다. 이러한 인식의 전환은 '생태학'의 재발견을 통해 이루어졌다. 생태학적 인식의 전환은 현대인이 직면한 위기를 자연에 대한 무분별한 개발과 환경 파괴로 인한 생태 위기로 바라볼 수 있도록 눈을 열어주었다. 2020년 12월 10일에 문재인 대통령이 선포한 '2020 대한민국 탄소 중립 비전'은 한국 사회에서 생태 위기가 국가

---

* 독일 본대학교 철학박사, 정치신학 전공

차원에서 중요한 정책적 화두가 되었다는 것을 잘 보여준다.

생태학적인 인식의 전환은 인문학뿐 아니라 기독교 신학에 있어서도 마찬가지로 중요하다. 왜냐하면 근대 사회의 등장과 함께 자연에 대한 인식의 전환은 하나님에 대한 이해에 영향을 미쳤기 때문이다. 예를 들어, 성서는 자연의 다양한 얼굴을 이야기하고 있다. 이 땅은 하나님의 피조물이자 하나님의 거처이며 인류 공동에 주어진 것이자 하나님 나라를 실현해야 하는 장(場)이기도 하다.[1] 하지만 부동산 투기업자에게 자연은 그저 개발되지 않는 '물건'이며 땅은 엄청난 자본의 차익을 남겨 먹을 수 있는 '투기 대상' 혹은 '사적 재산'일 뿐이다. 전자의 인식을 가진 이에게 하나님은 창조주이자 삶의 주관자이지만 후자의 인식을 가진 이에게 하나님 혹은 신(神)은 그저 자신의 이익을 지켜주는 주술적 존재일 뿐이다.

물론 생태학적 인식의 전환은 '자연'과 '하나님'을 동일시하였던 고대 범신론의 현대적 재수용을 의미하는 것이 아니다. 그것은 오히려 현대 해석학적 발전의 기반이 되었던 인간 인식의 한계, 즉 '인식 지평'의 문제이자 가치관의 문제이다. 근대 사회의 기반이 되었던 인간의 정체성을 표현하는 대표적인 철학적 개념은 바로 '근대적 주체'(Modern Subject)이다. 마틴 부버(Martin Buber)에 따르면, 근대적 주체로서 '나'는 스스로를 합리성을 추구하는 이성적 존재로 규정하고 타자로서 '너'를 '객관적'으로 파악하려 했다.[2] 이러한 관점은 자연과 초월자에게도 동일하게 적용되었다. 1942년 『국가와 종교』에서 난바라 시게루는 17~18세기의 소위 '계몽시대'가 가져온 인식론의 변화를 다음과 같이 묘사하였다: "이제 인간 스스로를 중심으로 하고, 인간의 경험과 이지(理智)를 통해 자연과 세계, 인생과

도덕, 국가와 법률, 그뿐만 아니라 신과 신의 나라 등 일체를 논증하고 비판할 수 있는 능력을 자기 스스로 요구하기에 이르렀다."3) 현대 자본주의는 근대적 주체를 기반으로 하는 가치 체계를 통해 발전하였다.

하지만 자본주의적 가치 체계에 대한 맹목적인 추종은 결국 생태 위기를 불러 왔다. 기독교적 관점에서 생태 위기를 이해하기 위해서 하나님에 대한 이해뿐 아니라 근대적 주체의 자기 이해와 인간과 자연이라는 타자에 대한 이해를 함께 살펴보아야 하는 이유가 바로 여기에 있다. 그러므로 본 글은 먼저 근대적 주체와 자본주의적 개발 이데올로기가 인간에 대한 억압을 정당화하고 자연을 착취하였음을 비판하고 그 부정적인 영향력이 하나님에 대한 인식을 왜곡시켰음을 드러낼 것이다. 이후 인간과 자연 사이의 상호작용에 대한 이해와 생태학적 신학의 인식론적 조건들을 분석하고 자연과 인간이 조화롭게 함께 공존하기 위한 생태 정치의 가능성에 대해 살펴볼 것이다.

II. 개발 이데올로기 중심의 근대적 인식론

1. 근대적 인간론과 자연에 대한 착취

자연을 개발의 대상으로 바라보고 생산력의 극대화를 통해 부를 축적하는 과정을 정당화했던 개발 이데올로기는 근대적 주체 중심의 인식론에 기초한다. 근대적 주체로 대표되는 계몽주의 이후의 인간론은 외부 세계에 대한 이해와 연결되어 있다. 또한 자연적인 것과 초자연적인 것에 대한 이해는 영역적으로 구분되지만 결코 분리되어 있지 않다. 예를 들어, 1922년 『정치 신학: 주권론에 관한 네 개의 장』에서 칼 슈미트(Carl Schmitt)는 "현대 국가론의 중요 개념 은 모두 세속화된 신학 개념이다"라고 주장했다.4) 이 명제는 현대사 회에서 독재체제가 필요하다는 것을 주장하는 논리로 변질되었기 때문에 이후에 수많은 정치 철학적 비판을 받았다.5) 하지만 그 비판 들도 정치적인 것과 종교적인 것 사이의 상호연관성 자체를 부정하 지는 않았다.

제2차 세계대전 이후 독일의 신학자들은 가톨릭과 개신교를 막론 하고 슈미트의 사상을 비판하며 새로운 정치 신학의 길을 모색하며 민주주의 정치체제에 대한 그리스도인의 책임을 강조하였다. 칼 바 르트(Karl Barth)는 1938년 『칭의와 의』에서 "정치적 예배"라는 개 념을 통해 "교회와 법치국가 사이의 긍정적인 상관관계"와 "교회와 전체주의 국가 사이의 대립 관계"를 강조하며 국가에 대한 "교회의 예언자적 감시 임무"를 강조하였다.6) 슈미트와 바르트의 사상은 서 로 대립적 관계에 있지만 자연적인 것에 대한 이해와 초자연적인 것 에 대한 이해가 상호영향을 주고받는다는 것을 잘 보여준다. 근대 사회 이전부터 다양한 범주로 변주되었지만 양자 사이의 상관관계 에 대한 연구는 신학의 중요한 주제였다.

물론 중세와 근대 사이에는 뚜렷한 특징이 있다. 중세사회에서는 초자연적인 것에 대한 이해가 자연적인 것에 대한 이해에 종속되었다 면 근대 사회에서는 그 반대 현상이 발생했다. 왜냐하면 1860년 『이 탈리아 르네상스의 문화』에서 야곱 부르크하르트(Jacob Burckhardt) 가 언급한 바와 같이 근대 사회의 출발점이 된 르네상스는 "개인의 발견"을 통해 내세보다는 현세에 대한 관심을 증폭시켰고 이는 계몽주의의 발현으로 이어졌기 때문이었다.[7] 그러므로 근대 사회는 개인주의로 대표되는 "인간의 발견" 위에 세워졌다고 말할 수 있다.[8] 근대적 주체는 이성과 합리성에 기반을 두고 자연적인 것과 초자연적인 것에 대한 판단 기준을 세우려 하였다.

18세기 말에 등장한 독일 관념론은 계몽주의로 인해 붕괴된 중세의 형이상학과 그에 기초한 세계관을 대체하기 위해 근대적 인식론을 발전시켰고 근대 자본주의 체제의 발전과 함께 사회적 영향력을 확대해 가던 시민계급은 이를 적극적으로 수용하였다. 계몽주의와 관념론 그리고 자본주의 체제 위에 세워진 근대적 세계관은 '나'를 개인이자 주체로 인식시켰고 '나'를 중심으로 세계를 바라보고 이해하는 방식으로 가치관을 형성하였다. 근대적 의미의 '나'는 자신의 세계관을 전통이나 종교적 관례와 같은 외적 가치 기준에 의존할 필요가 없어졌고 '내'가 세상을 바라보는 방식으로 보이지 않는 초월자까지도 이해했다. 이는 1927년 『존재와 시간』에서 마틴 하이데거(Martin Heidegger)가 비판한 서구적 사유방식의 한계이기도 했다.[9]

1944년 『계몽의 변증법: 철학적 단상』에서 막스 호르크하이머(Max Horkheimer)와 테오도르 아도르노(Theodor W. Adorno)는 이러한 변화를 근대적 주체에 대해 단순한 객체로 전락한 자연이 하나의 물건으로서 지배의 토대가 되었다고 비판하였다.[10] 더구나 자본주의는 자연을 부의 축적 혹은 경제적 성장을 위한 '개발'의 대상으로 전환시켰다. 자본주의 사회에서 자연에 대한 개발은 물질적 풍요를 누리는 삶을 위해 반드시 필요한 것이었기에 이는 '진보'라는 명목으로 정당화되었다. 하지만 이데올로기화된 '개발'과 '진보'는 실질적으로는 자연에 대한 '착취'였다. 자연에 대한 착취는 경제적 측면에서의 비약적 변화를 가져왔지만 결국 자연의 생명력과 복원력을 파괴함으로써 후기 자본주의 사회에서 생태 위기를 가속하였다.

호르크하이머와 아도르노는 근대 사회의 발전을 가져왔던 진보의 이데올로기가 "진보의 파괴적 측면", 즉 "퇴보의 싹"을 내포하고 있었다고 주장하며 근대적 주체의 자연에 대한 착취와 파시스트들의 시민들에 대한 억압이 동일한 기제에 의해 작동한다고 비판하였다.11) 근대적 주체는 "획일화"를 통해 자연을 하나의 물건으로 단순화시킨 방식대로 타자를 억압했다. 계몽주의가 "이성(理性)의 이름으로 정신의 자유를 위해 투쟁하고, 낡은 전통과 근본적으로 절교"하였다는 것과 그 결과 근대적 주체가 '인권'에 대한 새로운 인식을 갖게 되었다는 것은 부인할 수 없다.12) 하지만 계몽주의에 대한 포스트-모더니즘의 비판을 논외로 한다 하더라도 계몽주의의 발전으로 형성된 근대적 주체는 인간에 대한 총체적인 이해를 하고 있지 않았다.

카를 마르크스(Karl Marx)의 자본주의 비판에서 알 수 있는 바와 같이 근대적 주체는 자신의 정체성을 프롤레타리아트가 아닌 부르주아지를 중심으로 정립하려 했고 그중에서도 여성이 아닌 남성을 중심으로 자신의 정체성을 정립하려 했다. 근대적 인간론은 프롤레타리아트를 부르주아지에 종속시킬 뿐 아니라 여성을 남성적 문화에 예속시켰다.13) 모든 인간의 인간성이 자본주의적 생산방식에 의해 침해를 받고 왜곡되는 상황 속에서 그것으로부터의 해방은 모든 인간의 해방을 위한 첫걸음이 될 수밖에 없다.14) 하지만 마르크스의 담론은 노동력의 착취에 방점이 찍혀 있었다.15)

생태 위기에 직면한 현대인들은 여기서 한 걸음 더 나아가 자연에 대한 근대적 주체의 착취에 대해서 성찰해야 한다. 근대적 인간론은 인간과 자연에 대한 제한적인 이해를 통해 개발 이데올로기를 강화함으로써 자본주의를 발전시켰지만 그 속에서 인간은 억압당하고 자연은 착취당하였다. 더구나 인간의 착취로 인해 생명력과 복원력이 파괴된 자연은 생태 위기를 낳았다. 그러므로 작금의 생태 위기는 근대적 주체 중심의 인간론을 넘어 총체적 인간론을 정립하고 자연에 대한 새로운 이해로 나갈 것을 요구하고 있다.

2. 근대 신학과 하나님의 도구화

근대적 주체는 자연을 이해한 방식대로 하나님을 파악하려 했다. 이러한 인식론은 '하나님의 도구화'라는 근대 신학의 왜곡에 큰 책임이 있다. 하나님의 도구화에 대해 살펴보기 위해 먼저 계몽주의의 부상과 함께 시작된 하나님에 대한 이해, 즉 신인식의 변화에 대해 살펴보도록 하자. 계몽주의자들은 계시에 종속된 기독교보다는 '이신론'(理神論)이나 '자연종교'로서 기독교를 선호하였다. 이들에게 종교의 본질은 고귀한 인간성의 조화로운 발전처럼 현실에서 요청되는 윤리체계의 기반이었다.[16] 이러한 흐름은 18세기 후반에 이르러 독일뿐만 아니라 서구 유럽의 교회들에 막대한 영향을 미쳤다. 19세기에는 이신론이나 자연신학까지는 아니더라도 윤리적 체계의 기반으로서 종교를 이해하는 경향이 주류적 흐름을 형성하였다.

물론 18세기 말에 시작되어 19세기 중반에 정점을 찍은 낭만주의 운동은 계몽주의의 이성 중심주의를 비판적으로 바라보았다. 프리드리히 슐라이어마허(F. D. E. Schleiermacher)는 종교를 이성이 아닌 "감정"의 문제라고 주장하였다.[17] 그에 따르면, "종교는 무한자에 대한 감각과 취향이다."[18] 그의 명제는 다양한 비판에도 이성에 대한 절대적 신뢰를 기반으로 하던 계몽주의적 흐름이나 관념론적 흐름에 대한 문제 제기로서 충분했다. 또한 기독교 신앙의 핵심을 "절대 의존의 감정"으로 규정함으로써 종교심의 각성을 강조하는 새로운 신학적 흐름을 형성하였다.[19] 하지만 계몽주의가 중세의 세계관을 붕괴시킨 것처럼 낭만주의적 흐름이 근대 사회의 가치 체계를 완전히 붕괴시킨 것은 아니었다. 낭만주의적 비판에도 계몽주의와 관념론은 20세기 초반까지 영향을 미쳤다.

이런 사상적 흐름 못지않게 근대 자본주의의 가치 체계도 근대 시민계급의 신인식에 많은 영향을 미쳤다. 이를 크게 두 가지로 정리하면 다음과 같다. 첫째, 자연의 착취를 하나님께 받은 인간의 사명으로 선포하고 이를 통해 제국주의적 팽창정책을 정당화하였다.[20] 둘째, 자본의 축적을 하나님의 축복 내지 구원을 위한 예정이라는 측면에서 해석하기 시작했다.[21] 근대 사회에서 하나님은 더 이상 전통적 의미의 '절대적 타자'가 아닌 개발을 통한 문명의 진보와 자본의 축적을 정당화해 주는 도구로 여겨졌다. 20세기 신학의 출발점이라 할 수 있는 '변증법적 신학'은 이러한 근대 신학의 흐름에 대한 비판에서 시작되었다.[22]

비록 '부활 논쟁'으로 변증법적 신학의 분열을 가져 왔지만 20세기 독일 신학을 대표하는 바르트와 루돌프 불트만(Rudolf Bultmann)은 적어도 근대 신학의 문제점을 바라보는 관점에 있어 유사성을 가지고 있었다. 1922년 바르트의 『로마서』 제2판이 수많은 논란에도 그토록 열광적인 지지를 얻을 수 있었던 것은 바로 19세기 독일 신학이 추구하였던 계몽의 가치와 관념론적 경향이 결국 하나님의 도구화로 이어진 것에 대한 비판이었기 때문이었다. 바르트가 쇠렌 키르케고르(Søren Kierkegaard)의 시간과 영원의 "무한한 질적 차이"를 하나님과 인간 사이의 관계에 적용하였던 것도 결국 근대적 주체에 의해 변화된 하나님의 이해를 비판하기 위한 것이었다.[23] 1918년 『로마서』 제1판의 서문에서 밝힌 바와 같이 바르트는 소위 "역사 비평적 성서연구 방법"을 따르지 않았지만 그 방법론이 나름의 정당성을 가지고 있다고 생각했다. 또한 전통적인 성경 영감론을 선호했음에도 성서연구에 있어 새로운 방향으로 나아가려고 했다.[24] 이는 바르트가 역사 비평적 성서연구 방법으로 대표되는 근대 신학의 문제점을 방법론적인 것에서 찾은 것이 아니라 목적과 지향에서 찾았다는 것을 알 수 있다.

기독교 신앙을 실증적 역사성에 기대어 해석하려 했던 근대 신학적 흐름에 대한 비판적 의식은 '양식비평'을 가장 적극적으로 수용한 불트만에게서도 발견된다. 『공관복음서 전승사: 문헌사적 연구』(1921년)에서 불트만은 마틴 디벨리우스(Martin Dibelius)의 "구성적 방법"을 긍정적으로 평가하면서 "전승 부분의 분석에서 출발"하는 자신의 방법과 디벨리우스의 방법은 "서로 대립하는 것이 아니라 서로 보충하고 수정하는 연구 방법"이라는 것을 분명하게 밝혔다.[25] 하지만 이 책의 결론에서 불트만은 복음서가 결국 "교리사와 예배사의 산물"이라고 주장하였다.[26] 불트만의 입장에서 기독교 신학에 있어 예수의 역사성은 중요하지만 케리그마의 가치를 외면한 채 역사적 예수 연구에만 매달리는 것은 신학의 본질이 아니었던 것이다.

계몽주의와 관념론으로 대표되는 근대 사상의 흐름은 근대적 주체가 자연을 단순한 객체이자 하나의 물건으로 획일화하도록 영향을 미쳤고 근대 자본주의의 가치 체계는 이를 개발이라는 명목 아래 부의 축적을 위한 착취의 대상으로 전환시켰다. 이에 영향을 받은 근대 신학은 한편으로는 하나님을 하나의 물건처럼 '사물화'하였고 다른 한편으로는 자본주의적 풍요를 위한 주술적 존재로 전환시켰다. 발터 벤야민(Walter Benjamin)의 비판과 같이 근대 자본주의와 기독교는 근대 사회에서 매우 밀접한 상관관계 속에서 발전하였다.27) 물론 베버의 분석에서도 알 수 있는 바와 같이 개신교와 근대적 자본주의가 등장하기 이전에도 자본주의적 경제 양식은 존재했었다.28) 하지만 베버의 담론은 개신교와 근대적 자본주의의 가치 체계 사이의 밀접한 상관관계를 보다 명확하게 보여준다. 근대 신학이 개발이라는 명목 아래 진행되었던 자연에 대한 착취를 동조하고 지지하는 경향을 보였던 이유가 바로 여기에 있다. 그렇기에 위르겐 몰트만(Jürgen Moltmann)은 "현대의 팽창문화와 이 문화가 야기한 생태 위기는 서구적으로 각인된 기독교로부터 유래되었다"라고 비판하였던 것이다.29)

한 가지 흥미로운 점은 개발과 경제적 풍요를 통해 인간을 삶의 진정한 주체로 만들어 줄 것처럼 속삭였던 자본주의의 가치 체계는 인간을 자본주의 체계에 종속시켜 버린 채 제국주의라는 팽창문화 자체의 확장에 매진하였다는 것이다. 근대 신학은 창세기 제1장 28절의 "생육하고 번성하여 땅에 충만하여라. 땅을 정복하여라"라는 명령을 자연에 대한 인간의 지배 규정으로 삼아 팽창문화를 정당화했지만 이는 하나님의 도구화로 이어졌다. 또한 자연에 대한 인간 지배의 정당화는 결국 파시즘과 전체주의 같이 소수에 의한 다수의 억압적 지배를 정당화하였고 자본주의 체계 속에서 생성된 부를 소수의 경제 엘리트들이 독점하는 현상을 낳았다. 지금 그리스도인들이 생태학을 기반으로 인간과 자연의 공존을 고민해야 하는 이유는 생태학적 공존에 대한 인식이 하나님에 대한 인식의 전환을 가져올 뿐 아니라 인간성이 억압받는 현실을 바꾸기 위한 출발점이 되기 때문이다.

III. 생태학적 공존을 위한 인식론

1. 차이에 대한 긍정

근대적 기독교가 생태 위기에 책임이 있다는 것을 인정하는 그리스도인들이라면 생태학적 공존을 위해 우선 신학적 전환에 대해 고민해야 한다. 이를 위해 우선 필요한 것은 개발 이데올로기에 의해 왜곡된 하나님에 대한 이해를 바로잡는 것이다. 바로 이 지점에서 '차이에 대한 긍정'이 중요한 역할을 감당한다. 근대적 개발의 시대를 지나오면서 하나님에 대한 이해가 왜곡되고 도구화가 되었다고 해서 16세기나 17세기 혹은 그 이전의 신인식으로 돌아가 현대인들에게 그것을 믿도록 강요하는 행위는 종교적 왜곡을 가져올 뿐 진정한 회복으로 나아갈 수 없다. 신인식의 회복은 과거의 잘못을 돌아보고 바로잡는 것에서 시작된다.

계몽주의와 관념론 그리고 자본주의에 의해 자연이 단순한 객체이자 하나의 물건으로 전락하고 부의 축적을 위한 개발의 대상으로 왜곡되는 과정에서 자연은 즉자적인 사물에서 인간을 위한 사물로 전환되었다. 동시에 동일성에 대한 집착으로 인해 근대적 주체는 자연을 획일화해 버렸다. 결국 차이가 무시됨으로써 다양성이 억압된 것이다.[30] 이는 하나님을 이해하는 방식에도 동일하게 적용되었다. 바르트가 키르케고르의 "무한한 질적 차이"를 통해 새로운 신학을 구성하려 한 것은 결국 하나님에 대한 획일화된 인식을 탈피하고자 한 것이었다. 바르트의 시도는 차이에 대한 긍정을 기반으로 하는 새로운 하나님에 대한 이해가 없이는 새로운 신학이 불가능하다는 것을 잘 보여준다.

근대적 주체의 동일성에 대한 집착과 차이에 대한 무시는 자연의 통일성이라는 명목으로 자연을 근대 과학의 연구 대상으로 전락시켰다. 마찬가지로 하나님과 인간 사이의 질적 차이에 대한 무시는 하나님을 이성의 틀 속에서 형이상학적 존재로 환원시켜 획일화하였고 하나님의 통일성이라는 명목으로 하나님을 관념적 신학 담론의 대상으로 전락시켜 버렸다. 그러므로 하나님에 대한 새로운 이해는 차이에 대한 긍정과 하나님의 다양성에 대한 성찰을 통해서 가능하며 이는 생태학적 공존을 위한 신학적 전환에 있어서도 동일하게 적용된다.

2. 자연의 회복

현대인이 직면한 생태 위기는 자연에 대한 인식의 전환뿐 아니라 정치적 영역에서 새로운 정책으로 실현될 때 극복될 수 있다. '생태 정치' 혹은 '생태학적 정치'의 필요성은 바로 여기서 나온다. 오늘날 인류가 생태 위기에 직면했다는 것은 부인할 수 없는 사실이지만 그렇다고 해서 현대 과학 기술 문명을 모두 포기한 채 근대 이전의 시대로 돌아갈 수는 없다. 19세기 초반 영국에서 있었던 기계파괴운동, 즉 '러다이트'(Luddite) 운동과 같이 복잡한 현실을 부정하거나 단순화시켜 문제를 해결하려는 시도는 일시적으로 사회적 이목을 집중시킬 수는 있지만 결코 그 문제를 해결할 수 없다. 현실의 사회적 불평등에 대해 신랄한 비판을 가하며 자연으로의 회귀를 긍정한 근대 사상가들도 중세로의 회귀나 고대 범신론의 수용을 주장하지는 않았다.

예들 들어, 1762년 『사회계약론』에서 장-자크 루소(Jean-Jacques Rousseau)는 인간이 자유롭게 태어났지만 "어디서나 쇠사슬에 묶여 있다"라고 주장하였다.31) 루소는 자연 상태 속에서 인간은 평등했지만 계약을 통해 사회가 형성되고 문명이 발전하면서 불평등한 관계가 형성되었다고 비판했다. 하지만 루소는 자연으로의 회귀를 주장하기보다는 인간의 불평등한 상태를 해결하기 위해 공동선을 지향하는 시민들의 보편적인 의지, 즉 '일반의지'와 그를 통해 이루어지는 직접 민주주의를 강조하였다. 왜냐하면 루소는 정치·경제적 평등이 있어야만 인간이 자유로울 수 있다고 믿었기 때문이다.32)

또한 『계몽의 변증법』의 통찰과 같이 고대의 애니미즘은 자연 속에 영적 존재가 거한다고 가르쳤다. 하지만 근대 자본주의에서 출발한 산업주의는 인간을 비롯한 모든 영적 존재와 그와 연결된 가치를 단순한 객체이자 물건으로 치부하였다.33) 호르크하이머와 아도르노의 비판은 근대적이며 자본주의적이었던 자연에 대한 이해를 극복하고자 하는 의도였지만 현대 문명을 거부한 채 정령의 존재를 믿었던 고대 세계관으로의 전환을 지향했던 것은 아니었다.

중세에서 근대로의 전환을 가능하게 했던 과학 문명의 발달은 자연에 대한 인간의 착취를 극대화했고 그 결과 자연의 생명력과 재생력은 파괴되었다. 이러한 상황에서 자연으로의 회귀라는 명목으로 근대 이전 사회로 돌아갈 것을 주장하거나 이를 강요한다면 그것은 진정한 의미의 대안적 세계관이 될 수 없을 것이다. 애니미즘과 범신론 등의 기반이 되었던 무한한 생명력과 재생력을 가진 고대의 자연은 자본주의의 착취에 의해 파괴되었고 더 이상 존재하지 않는다. 그러므로 생태 위기 앞에서 현대인들이 우선 고민해야 하는 것은 바로 자연의 회복-혹은 복원-이다.

3. 자연과 인간 사이의 상호작용

생태학적 공존을 위해 현대인들이 우선 집중해야 하는 개념은 '자연과 인간 사이의 상호작용'이다. 몰트만에 따르면, 지구상에 존재하는 생명체와 이들을 둘러싼 독특한 환경 사이의 상호작용은 고대부터 널리 알려져 있었지만 이 상호작용에 대한 조직적인 연구가 생태학의 태동과 함께 시작되었다.[34] 현대적 의미의 생태학이라는 용어를 처음 사용한 에른스트 헤켈(Ernst Haeckel) 이래로 생태학은 인간과 환경 사이의 상호작용을 강조하였다. 생태학은 유기체들과 그들을 둘러싸고 있는 외부 세계 사이의 관계들에 대한 총체적인 연구에 집중하는 만큼 생태학적 관점에서 인간은 더 이상 외부 세계와 단절된 근대적 주체가 아니다.[35] 그러므로 생태학적 인간론은 자연과 인간 사이의 상호작용에 대한 관심에서 시작되며 이러한 관심은 다양한 학문분과에 영향을 미쳐 인식의 전환과 함께 새로운 학문분과를 만들어 내고 있다. "환경 문제의 심각성에 대한 증가하고 있는 사회적 인식과 관련되어 광범위하게 부상한 연구로서 상대적으로 새로운 분야"인 환경 사회학이 그 대표적인 경우이다.[36]

환경에 대한 이해와 자연과 인간 사이의 상호작용에 대한 관심은 생태학적 공존을 위한 인식의 전환을 가능하게 한다. 생태 위기가 주목을 받기 시작한 것도 결국 근대적 개발 이데올로기로 인한 환경 파괴를 심각하게 받아들인 이들의 노력의 결과이다. 사전적 의미에서 환경은 "그 안에서 사람, 동물 혹은 식물이 살아가거나 작동하는 주변 혹은 조건"이나 "전체 혹은 특정 지역 내, 특히 인간의 행동에 영향을 받은 자연 세계"를 의미한다.37) 생태학적 의미에서 환경은 생물에게 직·간접으로 영향을 주는 자연적 조건이나 사회적 상황을 의미한다. 생태학에서는 흔히 전자를 '자연환경'이라 부르고 후자를 '인문 환경'이라고 부른다. 생태학적 관점에서 사람을 비롯하여 모든 생물을 둘러싼 생물적 환경과 비(非)생물적 환경은 생물의 삶에 영향을 주고받는다.

생태학적 인간론은 인간을 비롯한 그 어떤 생명도 환경과 관계없이 독자적으로 존재할 수 없고 이 땅 위에서 행하는 모든 인간의 행동이 어떤 형태로든 주변 환경과 영향을 주고받는다는 것을 가르쳐준다. 자연은 단순한 객체나 하나의 물건이 아니라 인간과 끊임없이 상호작용을 하면서 인간의 삶에 영향을 미치는 필수불가결한 존재이자 인간 존재의 조건인 것이다. 그러므로 인간이 자연을 함부로 착취하거나 학대한다면 그 부정적 영향력은 바로 인간에게 돌아올 수밖에 없다. 이러한 인식론은 생태학적 공존의 기반이다. 물론 마이어-아비히(Kl. M. Meyer-Abich)의 비판대로 자연에 대한 현대인의 인식은 더욱 앞으로 나아가야 한다. 마이어-아비히에 따르면, 자연을 환경으로 규정하는 것이 인간 중심적 표현이고 오류를 불러일으킬 수 있기에 자연을 "Mitwelt" 즉 "공존세계"로 이해하는 하나의 대안적 표현이 필요하다.38) 하지만 자연에 대한 새로운 표현과 함께 반드시 고려되어야 하는 것은 생태학적 공존을 위해 인간 중심적 사유

방식에서 벗어나야 한다는 인식이다.

환경이라는 용어는 자연에 대한 기존의 잘못된 이해를 비판하기에 유용하였고 그렇기에 쉽게 통용될 수 있었다. 오늘날 생태학과 관련된 다양한 철학적 담론에서 자연에 대한 새로운 이해와 용어들이 지속해서 등장하고 있음에도 환경 윤리와 생태 윤리를 상호 교환적으로 사용하는 학자들이 종종 발견되는 것은 바로 이러한 이유 때문이다.[39] 생태 위기를 극복하기 위한 첫걸음으로서 자연을 환경으로 바라보는 관점은 필요하다. 하지만 첫걸음이 곧 마지막 걸음이 될 수는 없다. 자연과 인간 사이의 상호작용과 밀접한 상관관계에 대한 성찰이 깊어지면서 자연스럽게 공존세계와 같은 이해로 나아가야 한다. 이처럼 생태학적 공존을 위해 인간 중심적인 자연 이해를 벗어나기 위한 노력은 계속되어야 하며 언어적 표현 역시 계속해서 발전해야 한다.

4. 생태학적 상호작용으로서 코이노니아

생태학적 공존을 위한 신인식의 전환은 하나님과 인간 사이의 관계를 변화시킨다. 양자 사이의 절대적 차이를 강조하는 방식은 근대 이전의 세계관에서도 종종 발견된다. 생태학적 인식의 전환은 생태학이 인간과 환경 사이의 끊임없는 상호작용에 집중하여 새로운 관계를 정립한 것처럼 하나님과 인간 사이의 차이를 긍정하면서 동시에 양자 사이의 끊임없는 상호작용에 관심을 가지도록 환기시킨다. 이 상호작용을 가장 잘 표현하는 신약성서의 용어는 바로 '코이노니아'(Koinonia)이다.

한글개역개정판에서 주로 '교제', '교통', '참여', '친교' 등으로 번역되는 코이노니아는 인간이 인격적 존재와 맺고 있는 관계성을 표현한다.[40] 고린도전서 1장 9절은 그리스도인들이 하나님의 아들과 교제하도록 부름을 받았음을 강조한다. 또한 빌레몬서 2장 1절과 빌립보서 2장 1절은 이를 "믿음의 교제"와 "성령의 교제"라고 표현한다. 코이노니아는 신약성서에서 인간과 인간 사이 혹은 인간과 삼위일체 하나님과의 긍정적인 상호관계를 묘사하는 데 주로 사용되었다. 하나님에 의해 시작된 상호관계는 일방적이지 않고 그리스도인의 일생 동안 지속하는 일종의 상호작용이다. 물론 코이노니아는 초월적 존재와의 부정적인 관계성을 나타내기도 한다. 고린도전서 10장 20절은 교회 내 하나님의 뜻과 대치되는 세력을 "귀신과 교제하는 자"라고 표현했다. 이처럼 연관된 존재들 사이의 상호작용을 기초한 코이노니아는 유·무형의 인격적 존재들과도 끊임없이 교제하는 존재로서 인간을 규정한다.

코이노이아에 대한 새로운 이해는 인간을 근대적 주체와 같이 스스로 자신을 파악하는 존재가 아니라 하나님과의 교제 속에서 이웃과의 관계성에 의해 자신을 파악하는 존재로 바라본다. 새로운 인간론은 그리스도인에게 자연에 대한 새로운 인식을 가져다준다. 자연은 더 이상 단순한 객체나 하나의 물건이 아니며 착취의 대상이 아니라 인간과 상호작용을 하는 피조물이다.

5. 복음의 총체성과 생태 신학

예수의 가르침 속 복음은 인간의 삶의 전반에 영향을 미치는 총체성을 가지고 있다. 복음의 총체성은 모든 사회적 변화 앞에서 신앙, 희망과 사랑의 능력, 그리스도인의 사명에 대해 질문할 것을 그리스도인에게 요구한다. 예수가 선포한 하나님 나라의 복음은 하나님과의 관계뿐 아니라 인간과의 관계에 있어서도 변화를 요구한다. 그러므로 비판적인 사회분석은 신학자들의 숙제이며 신학은 학문으로서 전문 분야에만 몰두할 것이 아니라 현실의 문제를 총체적으로 바라볼 수 있는 시각을 제시해야 한다. 헬무트 골비처(Helmut Gollwitzer)는 자본주의적 가치 체계에 영향을 받아 복음과 현실에 대한 총체적 시각을 상실해 가는 신학적 흐름에 대해 다음과 같이 비판하였다.

> 만일 학문 속 어느 곳에서인가 저 분업이 깨져야 한다면 바로 신학에서 그 분업이 깨져야 한다. 신학자는 다름 아닌 모범적으로 사고하는 그리스도인일 뿐 사회학자, 정치가, 법학자 등으로서의 그리스도인은 전문적인 특수한 논의에 머물 수 없다. 또한 그 논의들을 기독교 신앙의 빛 안에 세워야만 하듯이 신학자도 전승된 기독교적 복음을 심사숙고하는 데에만 머물러 있을 수 없다. 신학자는 기독교의 복음으로부터 출발하여 현실을 바라보아야 하고 현실의 분석에 참여해야만 한다.[41]

개발 이데올로기에 의해 왜곡된 복음에 대한 이해는 복음에 대한 총체적 성찰을 통해 극복되어야 한다. 생태 위기의 책임이 있는 기독교가 복음의 총체성을 제대로 구현해 내지 못한다면 공적 영역에서 그 영향력을 완전히 상실할 것이다. 사실 예수는 그의 제자들이 사람들의 일반적인 욕구로 인해 갈등하는 존재라는 전제하에서 복음을 가르쳤다. 복음을 통해 삶의 방향이 전환된다면 그 전환은 배고픔, 의복, 거주, 건강, 시민적 권리 등과 연관되어 있으며 지금까지의 돈벌이 방식과 소유 방식의 변화에도 영향을 미쳐야 한다. 예수가 가르친 회개는 단순히 내적·심리적 전환만을 의미하는 것이 아니었다. 그리스도인의 회개가 생태 위기를 극복할 수 있는 삶의 전환으로 이어져야 하는 이유가 바로 여기에 있다.

오늘날 현대인들에게 복음의 총체성은 결국 생태 신학 혹은 생태학적 신학에 대한 관심을 일깨우고 있다. 이제 신학은 단순히 형이상학적 담론을 구성하기 위한 방법론이 아니라 생태학적 공존을 위한 실질적인 행동을 끌어낼 수 있는 가르침이어야 한다. 공적 참여로서 그리스도인의 생태학적 참여와 관련하여 다음의 두 가지를 반드시 명심해야 한다.

첫째, 그리스도인들은 자신이 속해 있는 사회적 집단이나 계층과 관계없이 생태 위기의 피해자들과 연대해야 한다. 복음의 왜곡에 기반을 둔 자본주의적 개발 이데올로기는 특권체제를 통해 그 기득권을 유지하는 이들을 정당화하였다. 복음에 대한 총체적 이해는 그 특권체제를 넘어 생태 위기 앞에 가장 무력한 이웃과의 새로운 관계, 즉 '공적 연대'를 가능하게 한다.

둘째, 근대적 주체의 권리를 무제한으로 정당화하였던 기존의 신학적 가치 체계를 해체해야 한다. 생태 위기는 인권 담론에 있어서도 거대한 전환을 요구한다. 개발 이데올로기 앞에 무릎을 꿇었던 과거의 신학 체계는 근대적 주체로서 개인의 권리를 중시하다 못해 사유재산권을 비롯하여 개인의 소비와 향유의 권리를 신성화하였다. 하지만 2020년의 팬데믹 사태는 생태 위기가 개인적 권리에 대한 신학적 정당화로는 극복될 수 없다는 것을 보여주었다. 개인의 경제적 이익이나 자본의 축적을 종교적으로 정당화하던 신학적 이데올로기는 해체되어야 한다.

Ⅳ. 생태 정치의 조건들

생태학적 공존을 위한 자연의 회복은 기존의 삶의 양식이나 경제 방식을 유지하고서는 절대로 실현될 수 없다. 그러므로 생태학적인 인식의 전환은 반드시 지금 우리가 살아가고 있는 방식을 바꾸는 실천적 행위로 이어져야 하며 이는 결국 생태학적 공존을 위한 새로운 정치, 즉 생태 정치의 문제이기도 하다. 1993년 독일 녹색당의 탄생은 단순히 또 하나의 정당이 출발했음을 알리는 것이 아니었다. 그것은 생태학적 문제를 정치의 대상으로 여기지 않던 기존의 낡은 정치 인식에서 하나의 획기적인 전환이었다. 이제 생태 위기에 직면한 현대의 그리스도인들이 명심해야 할 새로운 정치의 패러다임에 대해 살펴보도록 하자.

1. 개발 이데올로기의 해체

먼저 생태 정치는 개발 이데올로기를 해체한다. 자본주의적 개발 이데올로기는 자연에 대한 착취를 개발이란 이름으로 미화하면서 그 이유와 목적에 대해 질문을 던지지 못하도록 다양한 기제를 발전시켰고 결국 경제 개발을 위한 생산성의 극대화는 어느 누구도 의심하지 않는 최고의 사회적 가치로 자리를 잡았다. 하지만 과거 이데올로기화되었던 생산력의 극대화는 다른 한편으로 "사슬 풀린 파괴력의 혁명"이었다.[42] 작금의 생태 위기는 자본주의가 가지고 있는 자기 파괴적 경향이 전 지구적으로 확장된 결과이다. 2020년의 팬데믹 사태를 통해 우리는 무제약적인 경제적 생산 활동이 일정 부분 제한될 때 자연이 스스로 회복하기 시작한다는 것을 배웠다.

자본주의의 파괴력을 적절하게 제어하지 않고는 자연의 회복은 불가능하다.

사실 자신의 존재가 위협받으면서도 개발을 포기하지 못하는 현대인의 모습은 개발 이데올로기가 단순한 경제적 담론이 아니라 일종의 '강박관념'이라는 것을 보여준다. 자기 강박을 가진 사람은 자신이나 다른 사람들의 행동에 대해서 엄격하고 고정된 생각에 함몰되어 있어서 현실을 제대로 인지하지 못하거나 왜곡하는 경향을 보인다.[43] 강박 장애의 원인은 현대 의학의 발전에도 정확히 밝혀지지 않았다.[44] 하지만 자신의 의지와는 상관없이 어떤 특정한 사고나 행동을 반복적으로 하게 되는 상태를 의미하는 강박은 현대인들이 자연에 대한 개발에 집착하는 현상을 설명하는 데 유용하다. 개발의 이유와 목적에 대해 질문하지 않은 채 개발의 행위 자체에 만족하며 집착하는 모습은 강박 장애의 전형적인 모습이다. 개발 이데올로기에 함몰된 이들은 그 개발의 결과가 어떤 방식으로 나타날지에 대해 전혀 신경 쓰지 않거나 개발의 결과 자체를 무조건 미화하는 경향을 보인다. 왜냐하면 개발 이데올로기가 현실 인식을 가로막고 자기 강박을 조장하고 있기 때문이다. 개발에 대한 강박은 병리적 현상이며 현대인의 내적 필요성에 의해서가 아니라 자본주의 체제에 의해 강제로 주입된 것이다. 그러므로 생태학적 공존을 위해서는 개발 이데올로기의 허구성이 반드시 폭로되어야 한다.

2. 개발 정책에 대한 문제 제기와 통제할 수 있는 개발

둘째, 생태 정치는 개발 이데올로기에 기반을 둔 정책에 문제를 제기할 수 있어야 한다. 생태 정치의 문제 제기는 특정한 개발 정책이 자연과 인간 사이의 상호작용에 미친 영향력에 대한 충분한 검토를 마칠 때까지 그 정책을 멈추어 세울 수 있을 정도로 실제적이어야 한다. 만약 개발 이데올로기에 기반을 둔 정책을 일시적으로라도 멈출 수 없다면 생태 위기는 더욱 심화할 것이다. 이 세상을 지배하고 있는 개발 이데올로기를 해체하고 대안적 가치 체계를 통해 현실 세계를 재구성하는 것은 생태 정치의 궁극적인 목적이다. 하지만 그것은 결코 단번에 실현되지 않는다. 그러므로 생태 정치는 직면한 위기 앞에서 개발 이데올로기에 기반을 둔 정책이 무분별하게 진행되지 않도록 일시적으로 멈추어 세울 수 있는 '공적 참여'를 필요로 한다. 공적 참여는 반드시 특정 정당에 기반을 둔 정치 행위일 필요는 없다. 포괄적 의미의 공적 참여는 '정당과 시민사회 사이의 연대'에 가깝다.

생태학적 담론은 형이상적인 체계를 구성하기 위해서가 아니라 생태 정치를 통해 실현되어야 할 미래의 구체적인 현실을 그려내기 위한 것이다. 물론 생태 정치는 아직 실현되지 않은 채 끊임없이 변화하고 있다. 어떤 정책과 정치적 이념들이 진정 생태학적 공존을 위해 필요한 것인지는 증명되지 않았다. 하지만 한 가지 확실한 사실은 현재의 사회 시스템을 그대로 유지하는 한 인류는 생태 위기에서 벗어날 수 없다는 것이다. 그러므로 생태 정치는 우선 현대의 지배적인 이데올로기인 자본주의의 가치 체계에 문제를 제기해야 하며 '통제할 수 있는 개발' 혹은 '통제된 개발'을 추진해야 한다.

통제할 수 있는 개발은 '지속 가능한 개발'과 밀접하게 연결되어 있다. 단지 전자는 후자에 비해 개발의 당위성을 보다 비판적으로 바라본다. 그러나 통제할 수 있는 개발에 대한 담론이 초기 사회주의자들의 주장처럼 '사회주의냐 혹은 야만이냐'와 같은 극단적인 양자택일의 문제를 의미하는 것은 아니다.[45) 사실 자본주의 체제의 지속적인 발전 과정에서 생태학적 공존을 위한 새로운 자본주의 체제나 이념이 출현할 가능성을 전혀 부인할 수는 없다. 또한 생태학적 공존이 자본주의 체제 자체를 완전히 해체할 때 실현되는 것인지에 대해서도 여전히 열려 있는 상태이다. 생태 자본주의나 환경 자본주의와 같이 자본주의 체제 내에서 생태학적 가치를 수용하려는 노력을 무시할 수 없다. 더구나 아직은 생태 사회주의에 대한 담론이 완전히 자리를 잡았다고 말하기도 어렵다. 생태학적 공존의 문제는 과거와 같이 특정한 경제 체제를 선택함으로써 해결할 수 있는 문제가 아니다.

하지만 현재의 문제가 있는 자본주의 시스템을 그대로 유지한 채 생태학을 기반으로 하는 새로운 자본주의를 실험하기에는 직면한 생태 위기가 너무 심각하다. 생태 정치는 우선 현재의 자본주의 체제 속에서 진행되는 환경을 파괴하고 생태계의 교란을 가져올 수 있는 정책이 더 이상 진행되지 않도록 제어할 수 있어야 한다. 제한적인 개발을 받아들이지 못한 채 무분별한 개발을 추진하는 자본주의의 형태는 생태 위기를 더욱 심화시킬 뿐이다.

그러므로 생태 정치는 자본주의와 사회주의 사이에서 선택을 강요하는 낡은 방식이나 낙인찍기로는 결코 실현될 수 없다. 개발 이데올로기에 기반을 둔 자본주의는 생태 위기 앞에서 실패했다. 2020년 COVID-19 사태가 우리에게 알려 준 사실은 설사 기존의 자본주의 가치 체계와 기득권을 누리고 싶어 해도 생태 위기 앞에서 더 이상 과거와 동일한 방식으로는 가능하지 않다는 것이었다. 자본주의적 개발 이데올로기에 경도된 채 부의 축적이나 자본의 증식만을 위해 정신없이 질주하려는 욕망은 성공을 위한 긍정적 에너지가 아니라 사회 병리학적 문제일 뿐이다.

3. 자본주의적 특권체제의 해체

셋째, 생태 정치는 개발 이데올로기를 통해 기득권을 누린 자본주의적 특권체제를 해체할 수 있는 정책을 추진해야 한다. 개발 이데올로기가 지난 세기 동안 유지될 수 있었던 것은 결국 이를 통해 기득권을 누렸던 이들이 정치적 권력을 장악했기 때문이었다. 그러므로 생태 정치는 실제 자본주의적 특권체제를 해체할 수 있는 정책을 추진해야 한다. 오늘날 생태 위기는 자본주의 체제에서 특권을 누려왔던 이들에 의해 발생한 것이다.

최근 전 세계적인 이목을 집중시키고 있는 탄소 배출량의 문제를 살펴보도록 하자. 중국과 인도, 러시아와 같은 개발도상국에서 점차 탄소 배출량이 급속하게 증가하고 있고 이것이 생태 위기를 가속하고 있는 것은 사실이다. 하지만 여전히 미국과 유럽, 일본은 탄소 배출량 상위 국가이다. 이들 국가들은 과거 근대 자본주의 체제와 제국주의로의 빠른 전환을 통해 경제적 특권을 누렸고 정치·사회·외교에 있어서도 우위를 점령하였으며 자연 파괴와 생태 위기를 초래한 현재의 세계질서를 구축하였다. 더구나 '제1세계' 혹은 '선진국'과 같은 용어들은 근본적으로 개발 이데올로기에서 나온 것이다. 그러므로 개발 이데올로기에 대한 비판 없이 기존의 자본주의적 특권체제와 세계질서가 유지된다면 생태 위기는 결코 극복될 수 없을 것이다. 그러므로 특정한 사회나 국가를 기반으로 하는 집단이든 초국가적 기업과 같은 새로운 형태의 집단이든 생태 위기 시대의 그리스도인의 정치 참여는 자본주의적 특권체제를 유지하려는 집단에 대한 저항을 포함해야 한다.

COVID-19 사태는 현재의 생태 위기 앞에서 기존의 특권체제가 무력하다는 것을 절실하게 보여주었다. 자본주의적 특권체제의 해체는 특정 국가나 집단을 위한 것이 아니라 인류라는 한 배에 탄 모든 이들을 위한 것이다. 특권체제를 스스로 해체하지 않는다면 결국엔 생태 위기가 그 특권체제를 파괴적으로 해체할 것이다. 하지만 그 특권체제가 붕괴하기 직전까지 생태 위기로 인한 피해는 모든 사람들에게 동일하게 나타나는 것이 아니다. 안타깝게도 생태 위기는 사회적 약자들에게 더욱 가혹하게 다가온다.

그러므로 생태 위기를 극복하려는 이들은 특권체제를 유지하고 있는 이들의 성찰에만 의존할 것이 아니라 사회적 약자들과 연대하여 구세대의 낡은 자본주의의 가치 체계와 맞서 싸워야 한다. 왜냐하면 자본주의는 결코 스스로 자신의 권력을 내어놓은 적이 없기 때문이다. 신자유주의의 몰락과 함께 발생한 경제 위기 앞에서 신자유주의의 신봉자들은 참으로 무책임한 행동을 보여주었다. 이처럼 과거 특권체제의 기득권층은 자본주의적 생산방식이 자기 파괴적 힘으로 변질되어 모든 것을 파괴한다 하더라도 이 세계를 새로운 사회체제에 넘겨주기보다는 몰락하도록 지켜볼 것이다.[46]

팬데믹의 시대에 자연으로의 회귀가 진정한 대안이 될 수 있을지는 누구도 확실하게 말할 수 없다. 한 가지 확실한 것은 자연 회귀에 대한 현대적 담론은 적어도 자본주의의 파괴력에 대한 제어를 통해 자연의 회복이 전제될 때 유의미할 수 있다. 이런 전제 조건을 고민하지 않은 상태에서 신자유주의에 의한 세계화를 경험한 현대인들에게 이를 강요하는 것은 일종의 억압일 수밖에 없다.

V. 나가는 말

중세에서 근대로의 시대적 전환기에 기독교는 이에 제대로 대처하지 못하였다. 그 결과 근대 사회가 정착되고 자본주의가 주류적 경제 체제로 자리를 잡은 후 기독교는 사적 영역으로 내몰렸다. 후기 자본주의 사회에서 기독교가 공적 영역에 영향을 미치는 방식은 번영신학과 같은 신학의 자본주의화나 기독교 파시즘과 같은 종교의 정치화였다. 하지만 이러한 변화는 결과적으로 복음의 왜곡을 가져왔고 왜곡된 복음에 전도된 그리스도인들은 생태 위기를 제대로 인지하지 못하였다. 개발 이데올로기 앞에 굴복한 교회는 세상 속에서 스스로 게토로 변질되었다. 하지만 생태 위기 시대에 교회는 세상 속 오아시스가 되어야 한다.

세상의 소금과 빛으로서 교회의 가장 큰 힘은 바로 세상과 구별되는 새로운 삶의 방식이다. 만약 교회가 근대 사상과 자본주의적 가치 체계를 기반으로 하는 개발 이데올로기를 극복하지 못한다면 생태학적 공존을 위한 기독교적 시도는 단순한 백일몽으로 끝날 수밖에 없다. 자본주의적 개발 이데올로기에 의해 재생력을 상실할 정도로 착취당한 자연의 생명력은 그리스도인의 적극적인 공적 참여를 통해 회복되어야 한다. 이를 위해 이제 그리스도인들은 기존의 인식과 삶의 방식을 바꾸어야 한다. 그리스도인이 생태 정치의 필요성을 외면해서는 안 되는 이유가 바로 여기에 있다. 종교적 가치를 사적 영역으로만 제한하는 인식론은 자본주의가 그리스도인들에게 심어 준 억압적인 가치관의 결과물이지 총체적인 복음의 가치는 아니다. 그리스도인은 생태학적 공존을 위한 담론이 헛된 주장으로 끝나지 않도록 정치적 영역에서 적극적으로 목소리를 내야 한다. 왜냐하면 기독교의 믿음은 공적 참여를 위한 열정으로 전환되기에 충분한 변혁의 힘을 가지고 있기 때문이다.

진정 기독교 신앙을 총체적으로 바라보는 그리스도인은 지금까지 우리의 삶의 방식에 대한 철저한 회개와 함께 자본주의적 개발 이데올로기에 의존하여 소비와 향유를 절대화했던 과거와의 완전한 단절을 시도해야 한다. 이전의 관습이나 제도, 방식 따위를 단번에 깨뜨리고 질적으로 새로운 것을 세우는 변화를 혁명이라고 규정한다면 그리스도인의 회개는 사회·정치적 영역에서도 그와 같이 표현되어야 한다.[47] 독일의 경우 20세기 자본주의에 대한 비판을 통해 녹색당 이전에 생태 정치의 필요성을 주장하던 신학자들이 있었다.[48] 골비처와 같은 이들이 독일 녹색당 창립에 적극적으로 참여하지 않았다면 독일 녹색당은 지금처럼 큰 영향을 미치지 못했을 것이다. 인류의 존립이 위협받고 있는 상황 속에서 이제 그리스도인은 생태 위기를 극복하기 위해 적극적으로 정치적 영역에 참여해야 한다. 현대의 그리스도인들이 근대 기독교가 생태 위기에 책임이 있다는 사실을 외면한 채 한국의 기독교 근본주의자들처럼 낡은 정교분리와 영지주의적 이원론에 머물러 있다면 그 모든 행위들은 그리스도의 제자로서 사명을 망각한 죄악으로 영원히 남을 것이다.

미주

1) Jürgen Moltmann, *Ethik der Hoffnung* (Gütersloh: Gütersloher Verlaghaus, 2010), 131-139.

2) Martin Buber, *Ich und Du* (Stuttgart: Reclam, 2009), 4.

3) 난바라 시게루/윤인로 옮김, 『국가와 종교: 유럽 정신사 연구』(서울: 소명출판, 2020), 108.

4) Carl Schmitt, *Politische Theologie: Vier Kapitel zur Lehre von der Souveränität, Zehnte Auflage* (Berlin: Duncker&Humbolt, 2015), 43.

5) Schmitt, *Politische Theologie*, 55.

6) Karl Barth, *Rechtfertigung und Recht* (Zürich: EVZ, 1970), 10.

7) Jacob Burckhardt, *Die Kultur der Renaissance in Italien* (Berlin: Deutsche Buch-Gemeinschaft, 1936), 127.

8) Burckhardt, *Die Kultur der Renaissance in Italien*, 283.

9) Martin Heidegger, *Sein und Zeit* (Tübingen: Max Niemeyer Verlag, 1967), 3-4. 하이데거의 담론을 신학적인 측면에서 받아들일 때 가장 중요한 개념의 차이는 인간이나 피조물과 같은 '존재자'(Seinende)를 이해하는 방식으로 '존재'(Sein)로서 하나님을 이해하려 했다는 것이다.

10) Max Horkheimer & Theodor W. Adorno, *Dialektik der Aufklärung. Philosophische Fragmente* (Frankfurt a. M.: S. Fischer Verlag, 1998), 15.

11) Horkheimer & Adorno, *Dialektik der Aufklärung*, 5, 19.

12) 아우구스트 프란쯘/최석우 옮김, 『교회사』(칠곡: 분도출판사, 1996), 377.

13) Moltmann, *Ethik der Hoffnung*, 150-151. 근대적 주체의 남성 중심성에 대해서는 Carolyn Merchant, *The Death of Nature: Women, Ecology, and the Scientific Revolution* (San Francisco: Harper & Row, 1983)을 참조하라.

14) Helmut Gollwitzer, *Die kapitalistische Revolution* (München: Chr. Kaiser Verlag, 1974), 11.

15) Karl Marx, *Das Kapital. Kritik der politischen Ökonomie. Erster Band. Buch I: Der Produktionsprozeß des Kapitals*, Karl Marx Friedrich Engels Werke [= MEW], Bd. 23, ed. Institut für Marxismus-Leninismus beim ZK der SED (Berlin: Dietz Verlag, 1962), 181, 315.

16) 프란쯘, 『교회사』, 377-378.

17) F. D. E. Schleiermacher, *Über die Religion. Reden an die Gebildeten unter ihren Verächtern*(1799), ed. Günter Meckenstock (Berlin/New York: Walter de Gruyter, 2001), 57. Kritische Gesamtausgabe [= KGA], Bd. 1/2, Schriften aus der Berliner

Zeit 1796-1799, ed. Günter Meckenstock (Berlin/New York: 1984), 185-326 중 190.

18) Schleiermacher, *Über die Religion*. 80. KGA I/2, 212-213.

19) F. D. E. Schleiermacher, Der christliche Glaube nach den Grundsätzen der evangelischen Kirche im Zusammenhange dargestellt Zweite Auflage (1830/31), *Erster und Zweiter Band*, ed. Rolf Schäfer (Berlin/New York: Walter de Gruyter, 2008), 34, 36. KGA I/13.1, §. 4. 『기독교 신앙』(한길사 역간)

20) Moltmann, *Ethik der Hoffnung*, 154-156.

21) Max Weber, *Die protestantische Ethik und der Geist des Kapitalismus, in Gesammelte Aufsätze zur Religionssoziologie*, Band I, 9. Auflage (Tübingen: J. C. B. Mohr Verlag, 1988), 18.

22) 칼 바르트 자신은 '변증법적 신학'(Dialektische Theologie)이라는 표현보다는 '하나님 말씀의 신학'(Theologie des Wortes Gottes)이라는 표현을 선호하였다. 하지만 본서에서는 독자들의 이해를 돕기 위해 보다 폭넓게 사용되고 있는 용어를 선택하였다.

23) Karl Barth, *Der Römerbrief (Zweite Fassung)* 1922 [= Römerbrief 2], eds. Cornelis van der Kooi&Katja Tolstaja, Karl Barth-Gesamtausgabe, Abt. II. Akademische Werke 1922 (Zürich: TVZ, 2010), 17.

24) Karl Barth, *Der Römerbrief (Erste Fassung)* 1919. ed. Hermann Schmidt (Zürich: TVZ, 1985), 3.

25) Rudolf Bultmann, *Die Geschichte der synoptischen Tradition*, Zweite neubearbeitete Aufl. (Göttingen: Vandenhoeck & Ruprecht, 1931), 5-6.

26) Bultmann, *Die Geschichte der synoptischen Tradition*, 400.

27) Walter Benjamin, *Gesammelte Schriften*, Bd. VI (Frankfurt a. M.: Suhrkamp Verlag, 1985), 100.

28) Weber, *Die protestantische Ethik und der Geist des Kapitalismus*, 34.

29) Moltmann, *Ethik der Hoffnung*, 154.

30) Horkheimer & Adorno, *Dialektik der Aufklärung*, 15-16.

31) Jean-Jacques Rousseau, *Du Contrat Social ou Principes du droit politique* (Leipsic, 1762; 1796), I. 1. 7: "L'homme est né libre, et partout il est dans les fers."

32) 조효제, 『인권의 문법』(서울: 후마니타스, 2007), 65.

33) Horkheimer & Adorno, *Dialektik der Aufklärung*, 34.

34) Moltmann, *Ethik der Hoffnung*, 150.

35) Michael Begon, Colin R. Townsend & John L. Harper, *Ecology: From Individuals to Ecosystems*, 4th ed. (Oxford: Blackwell Publishing, 2006), xi. 한스 아돌프 크렙스 Hans Adolf Krebs는 생태학을 유기체들의 분포와 풍부함을 결정하는 상호작용들에 대한 과학적 연구라고 규정하였다.

36) Riley E. Dunlap & Eugene A. Rosa, "Environmental Sociology," in *Encyclopedia of Sociology*, 2nd ed, vol. 2 (New York: Macmillan Reference USA, 2000), 800-813 중 800.

37) "environment," *Concise Oxford American Dictionary* (Oxford: Oxford University Press, 2006), 301.

38) Moltmann, *Ethik der Hoffnung*, 162. 마이어-아비히의 공존세계윤리와 관련하여 Kl. M. Meyer-Abich, *Wege zum Frieden mit der Natur. Praktische Naturphilosophie für die Umweltpolitik* (München: C. Hanser, 1984)를 참조하라.

39) Moltmann, *Ethik der Hoffnung*, 160.

40) F. Hauck, "koino,j," *TDNT III*, 789-809.

41) Gollwitzer, *Die kapitalistische Revolution*, 15-16.

42) Gollwitzer, *Die kapitalistische Revolution*, 8.

43) 데브라 호프 외/최병휘 옮김, 『사회 불안증의 인지행동치료; 사회불안 다스리기』 (서울: 시그마프레스, 2007), 107-108.

44) 노대영, 김지민, 김찬영, "강박 장애의 개념과 진단기준의 변천과 향후 방향," 「Anxiety and Mood」 6/2 (2010): 93-101 중 93-94.

45) Gollwitzer, *Die kapitalistische Revolution*, 50.

46) Gollwitzer, *Die kapitalistische Revolution*, 14.

47) Gollwitzer, *Die kapitalistische Revolution*, 121.

48) Andreas Pangritz, "Helmut Gollwitzers Schrift über die 'Kapitalistische Revolution'," in *Die Kapitalistische Revolution* (Tübingen: TVT Medienverlag, 1998), 16.

제2장

기후 위기, 윤리 그리고 교회

조영호[*]

I. 들어가는 말

31.2 / 41 / 111 / 54
28.3 / 110 / 3.9

이 숫자는 우리가 겪은 기후 위기에 대한 경험의 수치다. 기상청에 따르면, 2018년 연간 폭염 일수는 31.2일, 최고 온도는 41도로 기록을 세웠다. 이 기록은 기상 관측 111년 만의 최악의 폭염이었다. 그리고 2020년 장마 기간은 54일로 역대 가장 길었고, 그 기간 강수일수도 28.3일도 역대 1위였다. 110년 만의 폭우가 몰아쳤고, 연평균 태풍의 수는 2.5개에서 3.9개로 늘었다. 본 글을 쓰고 있는 2021년에 우리는 영하 26도의 한파를 경험하고 있다. 이 현상들은 이례적으로 일어난 단순한 해프닝이 아니며 국내에만 국한된 현상

---

* 독일 부퍼탈/베델신학대학교 신학박사, 조직신학 전공

도 아니다. 이 현상들은 지구 온난화와 기후 위기의 명백한 증거다.

21세기 인류는 유례없는 기후변화의 징후들을 경험하고 있다. 기후변화는 더 이상 독립적인 쟁점이 아니다. 그것은 인류가 직면하고 있는 주요 문제들 속에서 인식되어야 한다. 기후변화가 만들어 내는 문제점은 단순히 날씨나 자연 재난에 국한되지 않는다. 기후변화는 인구 증가와 별개의 문제가 아니며, 동시에 에너지 문제와 밀접하게 관련되어 있다. 그리고 물의 이용 문제와 난민 문제와도 긴밀하게 연결되어 있다. 따라서 기후변화는 인간의 삶과 생활 방식, 그리고 사고방식에 커다란 영향을 미치는 동시에 영향을 받는다. 이런 의미에서 기후변화의 문제는 인간 자신의 문제이다.

기후변화를 '인간 문제'라고 하는 이유는 기후변화의 원인이 인간 자신에게 있을 뿐 아니라, 인간이 창조한 문화에 기반을 두고 있기 때문이다. 인간은 인간으로 살아가기 위해 문화를 창조했으며, 자연을 새로운 창조를 위한 원자재로 사용했다. 그리고 인간은 근대 이후 '진보'라는 깃발 아래 자연을 착취하고 남용하여 창조질서를 파괴했다. 이 과정에서 기후변화는 진보의 막다른 골목에서 만난 불청객이다. 이런 점에서 기후변화는 더 이상 자연적인 현상이 아니라, '문화적인 현상'인 것이다. 기후변화는 경제적 손실과 인명 손실을 야기한다. 그런데 문제는 이러한 과정에서 1차 피해 대상이 가난한 국가들이라는 데 있다. 전 세계의 굶주리는 인구 15억 명과 식수 부족에 시달리는 13억 명에게 가장 두려운 것은 식량 가격 폭등과 물 부족 현상이다. 결국 기후변화는 '환경 재난'을 통해 '환경 난민'을 발생시킴으로써 사회적 혼란을 일으킬 수 있다. 이처럼 기후변화는 생태 정의의 문제와 평화의 문제를 야기한다.

만약에 우리가 기후변화를 생태 정의의 문제요, 사회적 불평등의 문제이며, 인간 자신의 문제라는 점에 동의한다면, 기후변화는 윤리적 문제라는 데에도 동의할 수 있을 것이다. 그리고 인간 문제로서의 기후변화를 완화하기 위해서는 현재의 생활양식이나 경제활동을 변화시켜야 한다는 데에도 의견을 같이할 수 있을 것이다. 즉, 기후 위기 시대 우리는 '조율된 행동 양식'을 생각하고 행동해야 한다. 여기서 조율된 행동 양식이란 미래 세대와 생명에 대한 책임의식을 지니는 태도를 의미한다. 이것을 가능하게 하는 것은 자기 삶의 제약을 받아들일 수 있는 내적 당위와 동기다. 이 내적 동기와 당위를 교회는 기후 위기 시대를 살아가는 우리에게 제시할 수 있을 것이다. 기후 위기 시대 교회론은 탈탄소 녹색 교회론이며 동시에 생태적 창조 신학과 신앙 그리고 그 가치의 지평을 제시하는 교회여야 할 것이다.

II. 기후 위기, 인간 그리고 윤리

1. 기후 위기는 인간의 문제

인간이 살아가는 거주지인 세계를 우리는 더 이상 자연이라고 말할 수 없다. 오히려 우리가 말하는 자연환경은 비자연적 자연, 즉 인간에 의해 인간의 삶의 조건으로 조성된 문화, 즉 문화화된 자연 혹은 인간화된 자연이다. 근대 이후 자연은 인간의 삶의 조건으로 조성된 문화이며 인간에 의해 자연으로부터, 그리고 자기 자신으로부터 창조한 인간의 거주 공간인 문화다.[1] 이러한 조건 속에서 인간의 문화적 활동은 기후의 변화를 초래했다. 기후변화는 자연현상을 넘어서 이제는 문화 현상이라고 말할 수 있다. 이미 많은 근대문명 비평가들이 지적한 바와 같이 생태 위기의 원인은 근대문명과 그 정신 속에서 찾을 수 있다. 근대문명은 자신의 근거를 '경제'와 '기술', 그리고 '학문'이라는 거룩한 삼위에 기초하고 있는 인류 진보와 부의 축적 그리고 번영을 위한 인간의 꿈의 결정체다. 울리히 벡(Ulrich Beck)이 말했듯이 근대화의 꿈은 인간과 온 생명의 생존을 위험에 노출하는 기후변화 등의 위기를 증대시켰다.[2] 생태 위기는 도구적 이성에 의해 협소해진 인간의 자연 이해 안에 자신의 뿌리를 가지고 있다. 그리고 이러한 자연에 대한 근대적 이해는 근대의 수학적-물리적 학문 개념들[3]과 존재-신론적 형이상학,[4] 그리고 유아적 대량 소비[5]로 유지되는 시장 자본주의에 의해 형성되었다.

거룩한 삼위에 기초한 근대 이후의 인간 문화가 초래한 기후 위기는 인간의 변화뿐 아니라 사회적 관계의 변화까지도 초래하고 있다. 독일개신교연합(EKD)은 『생명으로의 귀환』에서 사회적 불평등의 문제를 기후변화의 중요한 주제로 제시했다.[6] 그리고 동시에 기후변화는 중심부와 주변부 사이의 국제적 불평등의 문제도 첨예화한다. '기후변화에 대한 정부 간 패널'(IPCC)의 4차 보고서뿐 아니라 다양한 기후변화 관련 연구 결과들은 기후변화의 1차 희생자가 가난한 나라와 지역과 인간임을, 특히 여성과 어린이, 그리고 소외된 자들이라는 사실을 제시하고 있다.[7] 즉 사회적 약자가 곧 생태적 약자이고, 기후 위기에 의해 직접적인 생존의 위협을 받는 기후 약자라는 뜻이다.[8] 따라서 기후 위기가 사회적 관계에 미치는 작용에 대한 관심 없이는 기후 위기를 개념화하는 일은 불가능에 가깝다고 할 수 있다. 그러므로 우리가 만약에 기후 위기에 대해 이야기하고자 한다면, 우리는 정의의 문제, 즉 사회적 정의와 생태 정의의 문제에 대해 이야기하지 않으면 안 될 것이다.9)

위에서 말했듯이 기후 위기는 인간의 문화 혹은 인간 삶의 양식의 문제이다. 그리고 동시에 기후 위기는 인간 문화와 삶의 전환을 의미한다. 따라서 기후 위기를 완화, 적응 그리고 해결하기 위해서는 모든 영역에서 이루어지는 인간의 활동 역시 새로운 가치에 기초하여 인간의 경제적, 정치적, 문화적 이해를 규정해야 한다. 더불어 인간의 윤리적 규범과 활동도 새롭게 접근해야 할 필요가 있다. 즉 기후 위기와 그것으로 인해 야기될 생태 정의의 문제는 문화적인 동시에 윤리적인 것이다. 그리고 기후 위기가 문화적이고 윤리적이라는 점에서 종교적, 보다 구체적으로는 기독교적 문제라고 말할 수 있다.

2. 기후 위기는 윤리 문제

소비사회를 유지하기 위해 무한경쟁과 경제 성장을 추구하던 경제적 인간은 더 이상 경제 성장 중심의 사회 체계를 유지하는 일이 불가능하다는 사실을 인식하기 시작했다. 오늘 인류가 경험하는 위기 곧 인간 보편의 문제이자 전 지구적 문제인 기후 위기를 통해 우리는 지속 가능한 발전의 가능성을 논의하기 시작했다. '지속 가능성'은 기후 위기와 관련해서 우리의 생활양식, 사회, 그리고 경제 체제를 다시 생각하게 하는 핵심이자 윤리의 중심 개념이다. 지속 가능성은 생태 보호, 빈곤퇴치를 위한 경제 성장, 그리고 사회적 정의와 통합을 말한다. 그리고 미래 세대에서도 지속 가능해야 한다는 '간 세대적 윤리'를 추구한다. 그러므로 기후변화가 윤리에 요청하는 주제는 크게 세 가지, 즉 생태 정의, 지속 가능성, 간 세대적 윤리이다.

1) 생태 정의

기후 위기는 사회적 관계의 변화를 의미한다. 벡은 기후 위기를 사회적 관점에서 해석한다. 그에 따르면 사회적 불평등과 기후변화는 동전의 양면과 같다. 따라서 기후 위기의 결과를 고려하지 않고서는 사회적 불평등을 개념적으로 파악하는 것이 불가능하다. 그리고 마찬 가지로 기후 위기가 사회적 불평등에 미치는 영향을 고려하지 않고서는 기후 위기를 파악하는 것이 불가능하다.10) 그러므로 "기후 위기는 빈자와 부자, 중심과 변두리라는 엄연히 존재하는 불평등을 심화시키는 동시에 불평등을 지양한다."11) 왜냐하면 위기가 커질수록 그 위기는 전 지구적이고 전 사회적이고 온 생명적인 위기로 변화될 것이며 이러한 위기로부터 벗어날 가능성은 모든 사람과 온 생명에게 '동등'하게 혹은 '평등'하게도 희박해질 것이기 때문이다.

지구 온난화와 기후 위기는 명백하게 인간의 삶의 조건뿐 아니라 모든 생명의 생활 조건을 변화시키고 큰 영향을 행사한다. 그러나 우리가 조금 더 주의 깊게 살펴보아야 할 점은 이러한 자연적 생명 조건의 변화뿐 아니라 기후 위기의 결과와 그것이 주는 사회적 결과와 인간관계의 변화이다. IPCC 4차 보고서와 '국제연합개발계획'(UNDP)의 인간개발 보고서가 예상하는 기후 위기의 사회적 결과는 극단적인 사회적 불평등과 지역적 불평등이다. 이 보고서들에 따르면, 기후 위기는 분명 인류 보편의 문제인 동시에 사회적 약자와 경제적 약자들에게 더욱 혹독한 고통을 부가한다. 즉 기후 위기는 환경 문제뿐 아니라 사회적·경제적 차이에 의해 생태 정의의 문제를 야기할 것이다. 이러한 현상은 부유한 세계와 가난한 세계 사이의 문제, 즉 국가 간, 지역 간의 문제일 뿐 아니라 한 국가, 지역 안에서도 일어나는 문제이다.

　국제적 영역과 국내적 영역에서 발생하는 이러한 불평등의 문제
는 생태 정의의 문제를 야기한다. 생태 정의의 문제를 해소하기 위
해 우리는 기후 위기가 야기하는 영향이나 기후 위기에 대한 대응이
국가나 지역, 집단에 따라 다르다는 불평등의 문제와 분배 문제, 즉
형평성의 문제 등을 고려해야 한다. 생태 정의의 문제는 국제적 영
역과 국내적 영역으로 구분된다. 그러나 이 두 영역이 지니고 있는
공통점은 적절하게 다루기 어렵다는 것이다. 왜냐하면 제한된 자원
과 예산을 어떻게 분배할 것인가의 문제는 국가 간, 사회적·경제적
계층 간의 갈등을 일으키기 때문이다. 그리고 온실가스의 배출원과
배출 지역은 온실가스로 인해 피해를 보는 국가, 지역, 계층과 다르
기 때문이다. 그러므로 이 문제를 해소하기 위해 필요한 것은 윤리
적 책임감과 공동체적 연대성이다.

　앤서니 기든스(Anthony Giddens)는 '누구'의 문제를 묻는다. 그에
따르면 기후 위기의 피해는 사회적·생물학적 약자들에게 상대적으
로 집중된다. 그러나 기후 위기를 초래하는 원인 제공자들은 자신들
의 사회적 책임이 명확하게 가려지지 않은 상황에서 그들이 가진 국
제적·사회적 특권을 이용해 책임을 회피하고 있다.[12] 그리고 피터
싱어(Peter Singer)는 '어떻게'의 문제, 즉 분배 방식에 대해 말한다.
그가 제시한 분배 방식의 원칙은 '오염자 부담의 원칙'이다. 즉 지난
2세기 동안 산업화한 선진국은 많은 양의 이산화탄소를 배출하였으
므로, 오염자 부담의 원칙에 따라 선진국들이 기후 온난화에 대한
책임을 져야 하고 이산화탄소 배출도 가장 많이 줄여야 한다는 것이
다.[13] 그리고 선진국은 개발도상국 혹은 저개발 국가에 기술적 도움

과 경제적 도움을 주어야 한다.[14] 즉 기후 위기를 초래한 원인 제공자들이 오염자 부담 원칙에 따라 더 많은 윤리적 책임감을 가지고 인류 공공을 위해 공동체적 연대성을 실천해야 한다. 이것이 가능할 때 생태 정의를 위한 기초적인 원칙이 제시되고 생태 정의를 실현할 수 있다.

2) 지속 가능성

'지속 가능성'이라는 개념은 1987년 브룬트란트(Brundtland) 보고서 『우리의 미래』에서 처음으로 제시되면서 우리 시대의 중요한 개념 중 하나로 부각되었다. 이 보고서에 따르면 지속 가능한 발전은 "미래 세대들이 자신의 욕구를 충족시킬 수 있는 능력을 해치지 않으면서도 현재 세대의 욕구를 충족시키는 발전"[15]이다. 그러나 이 개념은 매우 다의적이고 모호하다. 이러한 다의성과 모호성은 '지속 가능한 발전'이라는 용어 안에 상충하는 두 개념이 혼재하고 있기 때문이다. 그래서 이 개념에 대한 해석은 크게 두 가지로 구분된다. 하나는 '지속 가능한'에 방점이 있으며 다른 하나는 '발전'에 방점이 있다.

이 문제에 대한 해석의 열쇠를 우리는 '유엔환경과 발전회의'(UNCED)의 'Agenda 21'과 영국의 '지속 가능한 발전위원회'(SDC)에서 찾을 수 있다. 가장 핵심 요소는 '지속 가능한 경제 체제'는 그 자체가 목적이 되어서는 안 되고, '생태적 한계 범위 내'에서 '강하고 건강하며 공정한 사회'라는 가장 근본적인 목표를 이룰 수 있는 수단이 되어야 한다. 즉 지속 가능한 발전이란 지속적인 소비와 인간의 욕망을 충족시키기 위한 무한한 경제발전을 의미하지 않는다. 지속 가능한 발전은 인간, 인간의 문명, 그리고 온 생명의 지속적인 삶과 존재 가능성이다. 다시 말하면 지속 가능한 발전은 '발전'에 방점이 있는 것이 아니라, '지속 가능한'에 있어야 한다.

그러나 이것은 '인간 발달지수'(HDI)를 향상하기 위한 제한적 발전의 가능성을 긍정한다. 개발은 인간의 행복과 삶의 질의 수준을 향상하는 선에서 제한되어야 한다. 왜냐하면 인간의 행복과 삶의 질은 빈곤, 굶주림, 질병, 국내외의 격차를 해소하고 생태계의 보존을 유지할 수 있는 능력에 따라 결정되기 때문이다. 그러므로 지속 가능한 발전이란 생태계의 보존 및 관리와 함께 모든 사회 구성원들의 삶의 질을 향상하도록 도모하며, '강하고 건강하며 공정한 사회'를 근본적인 목적으로 한다.

래스터 밀브래스(Lester W. Milbrath)에 따르면, 이러한 사회는 안전, 온정, 그리고 정의라는 세 가지 핵심 가치를 가지고 있다.[16] 그리고 지속 가능한 사회에서는 지속성의 전제 조건으로서 형평성을 확보하기 위한 분배와 참여의 정의 문제를 중요시한다. 그리고 지속 가능한 사회는 환경의 질과 문제를 전 세계적이고 근본적인 문제로 인식할 뿐 아니라, 현세대가 미래 세대에게 질적으로 높은 수준의 환경을 물려줄 도덕적 의무가 있다.[17] 또한 관계의 형평성이라는 관점에서 지속 가능한 사회는 인간과 자연의 형평성, 인간과 인간의 형평성, 현세대와 미래 세대의 형평성을 중요하게 부각시킨다.[18] 즉 지속 가능한 사회란 인간 사이에 정의로운 관계가 맺어진 사회일 뿐만 아니라 간 세대적 정의를 보장하는 사회인 것이다.

3) 간 세대적 윤리

기후 위기의 시대에 우리에게 요청되는 새로운 윤리적 문제는 생태 정의, 지속 가능성, 그리고 간 세대적 정의이다. 언급했다시피 기후 위기는 인간 문화와 사회의 문제, 즉 인간의 문제요 윤리의 문제이다. 만약 절망적인 빈곤과 고통에 직면한 타인을 돕는 일이 인간의 도덕적 의무라면, 타인을 돕는 도덕적 의무는 공간적으로는 가까이 있는 이웃에게 도움을 주는 동시에 거리상으로 먼 곳에 있는, 얼굴을 알지 못하는 이웃에게도 확대될 수 있을 것이다. 우리가 타인을 향한 도덕적 의무의 공간적 확장을 인정할 수 있다면, 타인에 대한 사랑을 실천하는 시간의 확장, 즉 미래 세대에 대한 사랑의 실천이라는 간 세대적 윤리 또한 인정할 수 있을 것이다.

미래 세대에 대한 간 세대적 윤리는 생태 윤리를 기존의 전통적인 윤리 이론인 규범 윤리나 목적론적 윤리와 구분하는 결정적인 시금석이다. 이것은 윤리학 외연의 확장일 뿐 아니라 인간의 현재적 활동혹은 윤리적 결단이 미치는 내일의 영향력에 대한 도덕적 책임을 규정하는 윤리학의 시작이다. 간 세대적 윤리학은 윤리의 대상이 되는 타자에 대한 개념을 새롭게 정의한다. 엠마누엘 레비나스(Emmanuel Levinas)에 따르면, 윤리적으로 중요하게 다루어지는 것은 인간 존재로서 타자이다.[19] 인간 존재로서의 타자를 특징짓는 것은 타자의 얼굴과의 대면이다. 그러나 간 세대적 윤리는 레비나스가 말한 타자의 윤리를 넘어서 그 영역을 더욱 확장한다. 왜냐하면 우리는 미래 세대의 얼굴을 만날 수 없음에도 불구하고 그들에게서 들려오는 윤리적 요청을 들어야 하고 내일의 가치를 위한 도덕적 행동을 선택해야 하기 때문이다.

간 세대적 윤리가 목도하는 윤리적 대상인 타자는 지금까지와는 전혀 다른 이해를 요구하고 있다. 즉 앞으로 우리가 만나는 타자는 시간적 외연을 확장한, 얼굴조차 볼 수 없고 오늘 존재하지 않는 미래 세대인 것이다.[20] 만약 미래에도 인간이 존재해야 한다면, 오늘 우리는 인류에 대한 의무와 온 생명에 대한 도덕적 책임을 져야 한다.[21] 미래 윤리는 분명 현재 인간에 대한 책임뿐 아니라 미래 인간에 대한 책임을 포함하는 윤리이다. 그리고 윤리적 담론의 장에 참여하는 사람은 현재 인간뿐 아니라 미래의 인간도 포함되어야 할 것이다.

III. 기후 위기와 교회

기후 위기는 인간의 문화와 삶의 양식의 문제이기 때문에 우리 삶의 전환을 요청한다. 기후 위기가 제기하는 윤리적인 문제들, 즉 생태 정의, 지속 가능성, 간 세대적 윤리는 기후 위기가 인간 활동에 의한 문화적, 윤리적 문제라는 점에서 결국 종교적 문제라는 사실을 우리에게 말해준다. 이상의 논의를 통해 우리는 기후 위기 시대 교회의 모습과 과제를 살펴보았다. 기후 위기가 인간의 문제인 동시에 사회 윤리적 문제라는 점에서 기후 위기 시대 교회는 공공선과 생태적 책임을 지닌 생명 공동체가 되어야 한다. 생명 공동체로서의 교회는 탈탄소 교회를 지향하고 생태 사회윤리, 혹은 창조신학적 사회윤리를 제공하는 공동체여야 한다. 그리고 이것을 위해 교회는 온 생명의 소리 없는 소리를 대언하는 공동체여야 한다. 이러한 생명 공동체인 교회는 생태적 제자도와 생태적 예배와 설교를 교회의 지표로 삼는 녹색 은총을 회복한 녹색 교회를 지향한다. 거스 스페스 (Gus Speth)는 다음과 같이 말한다.

> 만일 우리가 충분히 좋은 과학을 환경 문제에 적용한다면, 그런 것들을 해결할 수 있을 것으로 나는 생각하곤 했다. 내가 틀렸다. 환경에 대한 주된 위험들은, 내가 늘 생각했듯이, 생물 다양성의 손실, 공해, 그리고 기후변화가 아니다. 그 위협은 이기심과 탐욕과 자만이다. 그리고 그것을 위해서 우리는 영적인 변혁과 문화적인 변혁을 필요로 한다.[22]

이처럼 기독교적 관점에서 기후 위기의 원인을 인간의 이기심과 탐욕 그리고 자만, 즉 인간의 죄를 기후 위기의 원인으로 본다. 이러한 사실에 우리가 동의할 수 있다면 기후 위기는 인간이 직면한 가장 큰 윤리적 위기인 동시에 기독교적 문제인 것이다. 이 점에서 기후 위기 시대 교회의 생태적 사유와 역할이 요구된다. 기독교 창조신학은 생태 위기와 기후 위기를 위한 새로운 생태 윤리와 가치들을 제공할 수 있다. 이러한 창조신학적 가치는 인간의 삶과 행동 양식의 전환을 위한 중요한 내적 동기를 부여할 수 있다. 신앙 공동체인 교회는 하나님의 말씀으로 그리스도를 따르는 제자를 양육하고, 생태적 동기를 부여하고, 새로운 존재, 즉 생태적 인간으로의 전환(회심)을 추동할 수 있다. 이처럼 교회와 창조신학은 인간의 삶과 가치의 전환, 즉 회심뿐 아니라 인간의 생태적 책임과 행동의 가능성을 제공할 수 있다.

교회의 생태적 가능성은 기독교의 공동체적 가치, 즉 연대의 가치를 새롭게 하고 우리들의 삶의 자리인 자연을 단순한 원자재나 천연 자원으로 이해하는 근대의 기계론적 자연관을 하나님이 창조하신 풍성한 생명 세계요, 창조 세계로 이해하도록 전환할 수 있다. 이러한 세계관의 변화는 생명과 인간 삶의 조건에 대한 새로운 생태적 이해를 촉구한다. 교회는 창조 신앙과 신학에 근거하여 인간에 대한 이해와 세계에 대한 생태적 가치를 제시할 수 있다. 교회는 이러한 활동을 통해 새로운 도덕적 가치를 제공하고 생태적 윤리의 실천적 가능성을 제공할 수 있다.

기후 위기가 교회에 요청하는 것은 새로운 생활양식, 즉 조율된 삶의 방식이다. 그리고 기독교의 창조 신앙이 노래하는 풍성한 생명에 대한 송영과 풍성한 하나님의 생명과 창조를 신뢰하는 신앙이다. 그리고 경제적 인간으로 합리적 이기성에 기초한 모나드(Monad)와 같은 개인주의적 존재에서 더불어 살아가는 공동체적 인간, 연대적 인간으로 전환을 말한다. 새로운 방식으로 살라는 요청에 대해 교회는 창조 신앙에 의존하여 대답한다. 그것은 생명에 대한 긍정과 공동체적 삶이다.

1. 교회의 생태적 책임

기후 위기는 교회의 가치와 존재 의미를 증대시키고 있다. 그러나 교회는 이러한 변화에 준비되어 있지 않다. 교회는 여전히 생태나 기후 위기라는 단어를 낯설어한다. 그러다 보니 생태적 교회를 위한 다양한 현실적 노력을 진행하는 데 어려움을 느낀다. 그러나 기독교인들은 하나님의 창조를 믿음으로 고백한다. 교회는 창조 세계에 대한 사랑을 우리 신앙의 실천으로 고백한다. 교회는 하나님의 창조 세계와 피조물들에 대한 증언자다. 인간의 죄, 즉 탐욕에 의해 위협받고 있는 생명을 위해 근대적 생활양식을 생태적 삶의 양식으로 전환해야 한다. 화석 연료를 이용한 전기 에너지를 태양열 에너지나 대체 에너지를 사용하는 구조로 교회당을 재조정할 수 있다. 그리고 교회는 미래 세대와 미래 생명에 대한 책임을 말해야 한다. 그리고 기후 위기로 고통 받는 생태 약자들에 대한 윤리적 책임을 말해야 한다. 교회는 창조 신앙에 기초하여 우리들의 반생명적 삶의 방식을 친생명적 삶의 방식으로 전환하도록 해야 한다.

창조자 하나님, 생명의 하나님은 우리에게 생태적 전환, 즉 회심을 요청한다. 하나님은 이기심 대신 사랑을, 자기애 대신 타자를 위한 사랑을, 지배와 소유보다는 정의와 나눔을 원한다. 우리가 타자를 위한 존재로 이 땅에 오신 그리스도를 따라 타자를 위한 교회로, 타자를 위한 연대적 인간으로 우리를 부른다. 따라서 오늘, 기후 위기 시대 우리가 그리스도인이 된다는 것은 자연스러운 인간의 경향성을 떠나 자발적인 불편을 수용하는 조율된 삶의 방식을 살아가는 것을 말한다. 그리고 그리스도인의 신앙은 개인 구원을 넘어 사회적 구원과 공공선을 추구하는 신앙을 추구하는 것을 말한다. 마지막으로 생명을 부정하는 죽음의 문화와 생활양식을 벗어나 생명을 긍정하고 사랑하는 생명의 문화와 삶의 방식으로 전환해야 한다.

기후 위기 시대 교회는 자신의 목적을 조율해야 한다. 지금까지 우리가 이해한 세계는 경제 성장과 인간의 발전을 위해 희생되는 세계, 즉 인간을 중심으로 인간의 삶의 조건인 인간과 인간의 세계를 보듬고 있는 환경이었다. 생태 위기와 기후 위기 시대 우리는 세계를 새롭게 인식해야 한다. 세계는 더 이상 인간의 삶을 위한 배경이 아니라 창조 세계, 즉 온 생명의 살림살이가 일어나는 '생명-놀이-공간'으로 이해해야 한다. 그리고 인간을 세계 초월적 존재, 즉 세계 밖에서 세계를 자신의 대상으로 인식하는 존재가 아니라, '창조 세계-나-존재'로 인식해야 한다. 교회의 창조주 하나님에 대한 공경과 송영은 하나님의 집이자 '생명-놀이-공간'인 땅을 다시 신학적으로 이해한다. 땅은 온 생명의 거주 공간인 생명의 집이고 온 생명의 공동 놀이 공간이다. 이것은 하나님이 온 생명과 인간에게 주신 하나님의 선물이다. 따라서 인간은 세계 안에서 온 생명과의 살림살이, 생명의 놀이, 생명의 춤을 함께 춤으로 하나님의 풍성한 생명의 잔치를 축복하고 생명에 대한 사랑을 찬양한다.

교회의 조율은 하나님의 창조 신앙에 기초한다. 우리는 창조주 하나님께서 하나님의 집이자 '생명-놀이-공간'을 인간에게 선물하실 때, 그분은 동시에 온 생명에게도 이 생명의 집을 선물하셨다는 것을 다시 고백해야 한다. 하나님은 창조 세계를 단지 인간에게 그리고 개인에게만 은혜로 제공하지 않았다. 창조 세계는 온 생명과 공동체에 제공하는 은혜의 선물로 주신 것이다. 따라서 온 생명은 생명의 그물망, 즉 창조 세계 안에서 상호 연관되어 있으며 생명의 관계를 맺고 있다. 마틴 루터 킹(Martin Luther King Jr.)은 다음과 같이 말했다.

> 우리는 벗어날 수 없는 상호성의 그물망 안에 잡혀 있고, [⋯] 어느 하나의 직접 영향을 주는 것이 무엇이든, 그것은 모두에게 간접적으로 영향을 준다.[23]

인간과 온 생명의 상호 관계성은 삼위일체 하나님에 근거한다. 삼위일체 하나님은 페리코레시스(perichoresis), 즉 상호적인 관계와 사랑과 생명의 춤을 추시는 관계의 하나님, 생명의 하나님이다. 이 하나님의 형상을 지닌 인간은 온 생명과 사랑의 관계와 춤을 추는 관계적 존재인 것이다. 따라서 기후 위기 시대 교회는 구원의 목적을 인간의 개인적 영혼의 구원뿐만 아니라 온 생명의 구원과 생명 공동체의 구원을 노래해야 한다, 교회가 새롭게 인식하는 온 생명과 생명 공동체의 구원은 오늘 세대와 미래 세대를 포괄하는 지속 가능한 생명 공동체와 사랑 공동체를 형성하는 것이다.

교회가 재조정한 목적이 기대하는 핵심은 생태적 책임이다. 교회는 생태적 책임을 지닌 윤리적 영적 공동체다. 윤리적 문제는 자연의 규범적 가치에 관한 문제에 집중한다. 신학은 "창조의 책임"이라는 신학적 주제 아래에서 논의되어야 한다. 그리고 교회의 생태 윤리적 문제는 다가오는 갈등을 해결하기 위한 기준을 정해야 한다. 이 기준은 성경의 가장 기본적인 윤리적 원칙이다. 하나님이 창조하신 땅에서 우리는 미래 세대와 오늘의 세대들이 이웃하며 사랑 공동체와 생명 공동체를 만들어가는 것이다. 이를 위해 창조 세계와 간세대적 정의와 책임에 대한 이해와 인식이 확대되고 재조명될 필요가 있다. 교회가 생태학적 관점에서 온 생명의 영적 치료를 말할 때, 우리의 관심은 인간 생활양식의 변화와 소비주의와의 거리 두기에 초점을 맞춘다.

2. 교회의 공적 능력

창조 세계에 대한 기독교 책임에 관한 논의가 활발하게 진행되고 있다. 이 논쟁이 말하는 것은 교회는 근대 이후 인간들로 하여금 자연을 정복하고 지배하고 착취하게 했으며, 이러한 반 생태적 삶의 태도를 바른 것으로 권장해 왔다는 것이다. 그러므로 교회는 창조 세계, 우리들의 모든 세대들 그리고 모든 생물 종에 대해 회개해야 한다는 것이다. 이러한 교회에 대한 요청은 교회가 전환점에 서 있음을 말한다. 프란치스코(Francesco) 교종은 회칙『찬미 받으소서』에서 교회의 전환, 곧 온 생명에 대한 생태적 회심에 대해 요청한다. 기후 위기 시대 교회의 회개에 대한 생태적 요청은 교회가 더 이상 개인적 삶과 영혼 문제를 넘어 공적 영역에 대한 문제를 이야기하도록 한다. 교회와 이 공동체에 속한 그리스도인들은 사회적 역동성의 방향을 재정립하도록 한다. 기독교적 가치는 생태적 요청에 새롭게 정의되어야 한다. 생태적 요청에 응답하기 위해 그리스도인들의 삶은 변해야 한다. 소비와 소유에서 연대와 나눔으로, 반 생태적인 발전을 추구하며 미래 세대와 생명의 멸절에서 더불어 사는 지속 가능한 사회로, 에너지 과잉, 특히 화석 에너지 의존의 삶에서 에너지 절약적인 삶, 즉 대체 에너지와 에너지 소비 감소로 정당한 에너지 전환을 이루어내야 할 것이다.

교회는 적절한 윤리적 지향성을 제시하고 생태적 삶의 태도를 제공해야 한다. 그리고 사회 형성에 기여하는 방법에 대해 비판적으로 의문을 제기해야 한다. 기후 위기 시대 그리스도인들의 삶은 경제적 불평등, 물질적 욕망과 소유에 대한 대안이 되어야 한다. 그리스도인은 경제적 물질적 발전이라는 명목하에 창조 세계가 파괴되고 온 생명과 생명 공동체 그리고 인간과 인간 공동체가 희생당하는 일이 발생하지 않도록 해야 할 윤리적 종교적 책임이 있다. 샐리 맥페이그(Sallie McFague)는 하나님이 창조하신 세계를 하나님의 몸으로 상상[24]하며 생태 파괴를 하나님의 아픔이자 고통이라고 말한다. 그녀

는 『풍성한 삶』에서 지구의 사실적 종말을 가져올 생태학적 위기상
황에서 하느님의 생명의 잔치에 초대되었다는 기독교적 자각을 강
조했고 그것을 탐욕적인 자본주의적 소비문화와의 단절로 이해하며
지구 생명의 풍요로움을 회복시키고자 했다.[25] 우리가 맥페이그의
주장을 받아들일 수 있다면, 우리는 창조 세계, 우리들의 '생명-놀이-
공간'인 이 땅을 파괴하는 것은 곧, 경제적 물질적 발전과 소비사회
라는 맘몬의 제단 위에서 온 생명을 희생 제물로 바치는 일이며, 동
시에 하나님의 몸을 파괴하는 일이라고 이해할 수 있다.

　맥페이그는 교회의 회심과 그리스도인들의 생태적 의식의 지향성
을 위해 그리고 이러한 지향성이 우리들의 일상 속에서 실제로 드러
나도록 하기 위해 예배를 강조한다. 그녀는 예배를 새롭게 이해한다.
예배를 생태적 감수성을 일깨우는 의례라고 주장한다.[26] 그리고 교
회와 그리스도인들은 예배를 통해 소비를 미덕으로 아는 소비사회
를 살아가는 대다수 도시인들에게 생태의식을 환기시켜 생태적 삶
의 길을 제시할 수 있다고 제안한다. 즉 그녀는 생명의 하나님, 사랑
의 하나님 때문에 세상을 사랑하는 실천 바로 그것이 신학이고 예배
인 것이다. 그리스도인이 교회에 가는 이유는 하나님을 찬양하기 위
함이며, 동시에 세계 안에 존재하는 자신의 삶 자체를 긍정하는 일
이다.[27] 즉, 우리는 하나님 몸인 세상에 대한 찬양과 연민 그리고 감
사 속에서 하나님의 초월과 내재를 동시에 보고, 하나님이 계시지
않는 곳이 없음이 예배의 본질인 것이다.[28] 다시 말해 인간 삶의 조
건이며, 온 생명의 놀이 공간인 땅은 무소 부재하신 하나님이 현존
하시는 자리다.

　성경적 신앙은 사적인 영역뿐 아니라 공적 책임과 사명에 대해 이

야기한다. 따라서 교회는 공동체성을 회복해야 하고 개인적 문제뿐 아니라 사회적 공공성의 영역에서도 교회의 자리를 찾아야 한다. 우리 신앙이 공론장에서 소통할 수 있는 대화하는 신앙이 되고 대중의 다원주의에 대한 기호와 윤리적 충동을 조율하고 새로운 생태적 대안을 제시하기 위해서 오늘을 새롭게 배워야 한다. 그러나 동시에 교회는 다원주의 사회, 혹은 유동하는 근대성 안에서 우리의 정체성을 잃어버리지 않아야 한다. 왜냐하면 기독교 신앙은 기독교적 가치를 주장할 때, 개인의 도덕적 실천뿐 아니라 공공선으로 향한 사회적 헌신과 생태적 책임을 지니고 있는 존재이기 때문이다. 창조 신앙은 우리를 온 생명에 대한 책임 있는 존재임을 말하고, 생태적 책임은 그리스도인인 우리에게 위임되었다고 고백한다. 창조물을 보호하고, 돌보고, 공정하게 공유하려는 의지 없이 모든 창조물에 하나님의 사랑을 선포하는 것은 불가능한 일이다. 이러한 책임은 개인적인 도덕적 행동뿐만 아니라 정치적 경제적 구조적 변화로 전환되어야 한다는 것을 의미한다. 즉 그리스도인들에게 부여된 사회적 책임과 생태적 책임은 동시에 지속 가능한 사회와 생명을 위한 정치적 책임인 동시에 경제적 책임인 것이다.

지속 가능성은 기후 위기 시대 신학에 하나의 도전이며 '시대의 징표'다. 오늘 그리스도인들은 개인적 믿음과 구원에 관해 물음과 함께 환경적, 사회적 문제와 구원에 관해 물어야 한다. 기후 위기가 생명 위기의 세계화를 초래하고 있다. 이 시기 교회는 생명과 삶의 가치를 물어야 하고 어떻게 살아야 하는지를 물어야 한다. 인간의 죄, 즉 인간의 오만과 탐욕에 의해 파멸되어 가는 창조 세계에 대해, 그리고 하나님에 대해 교회는 이야기해야 한다. 하나님 사랑과 이웃

사랑을 말하는 그리스도인과 교회는 우리 이웃들의 '생명-놀이-공간'
인 이 땅과 창조 세계를 사랑하지 않는다는 것은 모순이다. 생명을
위해, 아니 보다 솔직하게 말하면, 살기 위해 그리고 내일에도 살아
갈 수 있기 위해 우리는 매일 매일 일상 속에서 하나님의 몸인 이
땅과 창조 세계를 사랑하고 찬양해야 한다. 창조와 화해에 대한 갈
망이 약속되어야 한다. 생명에 대한 긍정과 인간에 대한 긍정이 동
시적으로 공유되어야 한다. '화해'란 미래에도 인간이 존재하고 생명
이 창조 세계를 송영하는 것을 포함한다. 이것은 기후 위기에 의해
위협받는 창조 세계에 대한 윤리적인 동시에 영적인 교회의 과제이
자 기회다.

3. 교회의 미래 희망

지속 가능성의 윤리적 기반인 미래 세대에 대한 책임은 무엇보다
도 장기적으로 고려되어야 할 문제다. 교회는 가장 오래되고 장기적
이며 영원 지향적인 기관으로서 지속 가능성에 대한 논의에 봉사할
수 있다. 교회와 신학은 우리 시대의 가치관을 전환하기 위해 창조
신학적 상상력과 책임을 갖는다. 교회는 최소한 수 세기 동안 살아
남은 문화적 기억을 지니고 있는 기관이다. 교회는 성경, 특히 토라
의 계명에 의해 고대 이스라엘에서 생물학적 지식과 생명과의 관계
에 대한 지식을 전승하고 있다. 성경의 생명 사랑에 대한 기억은 지
속 가능성을 기독교의 윤리적 가치로 받아들이게 한다. 지속 가능성
은 자연과 문화가 조화를 이루는 인간-생태-네트워크의 원리이며,
미래 세대와 생명에 대한 기독교 사회윤리의 원칙이다. 미래에 대한
교회의 희망은 인간의 근본적인 경험에 반하는 기독교의 창조 신앙

에 근거하고 있는 것이다. 즉, 교회의 희망은 자신을 넘어 관계를 여는 것이고, 개체의 이익을 넘어 연대의 가치를 추구하는 것이며, 죽음을 넘어 살림, 즉 생명을 선택하는 인간의 활동이다.

그리스도인에게 희망의 상징은 십자가와 부활이다. 그리스도의 십자가의 죽음과 부활은 개개인의 변화뿐만 아니라 궁극적으로는 모두의 변화를 상징한다. 이것은 새로운 존재로 거듭나는 것을 말한다. 고린도후서 제5장 17절과 갈라디아서 제1장 19-20절은 거듭난다는 것이 옛 사고방식과 생활양식 그리고 정체성이 죽고 새로운 생활양식과 존재 방식으로 새로운 정체성을 지닌 존재로 태어나는 것임을 가르쳐 준다. 예수의 죽음과 부활은 인간 변화의 길을 열어준다. 그리스도인들이 고백하는 그리스도는 십자가의 죽음을 통해 희망을 시작한 분이다. 다시 말해 예수 그리스도의 죽음은 하나님의 사랑을 계시한다. 이것은 바울이 말했던 것과 같이 우리는 예수에게서 하나님을 본다. 우리는 예수의 죽음과 부활을 통해 하나님을 보고 그 분의 꿈과 희망을 본다. 우리는 상처받은 하나님의 모습에서 우리를 향한 사랑과 하나님 나라를 본다. 하나님 나라는 우리의 희망이고 하나님의 절대적인 미래이며, 예수 그리스도 자신이다.

미래에 대한 그리스도인의 희망의 구조는 진보의 비전을 갖고 있지 않다. 십자가라는 한계 경험이 그리스도인들의 희망이다. 하나님과 그 분의 사랑에 대한 체험을 통해 드러나는 부활과 하나님 나라를 우리는 희망한다. 그리스도의 삶과 죽음 그리고 부활을 통해 우리는 하나님 나라를 희망한다. 이 희망 속에서 기독교 신앙은 생태 위기와 기후 위기의 원인인 인간의 반생명적 삶의 방식을 생태적 삶의 방식으로 전환한다. 발전과 부의 확대가 주는 우상적 환상을 넘어 절제의 영성과 조율된 행동을 꿈꾸게 한다. 그러나 이 희망은 유토피아적 희망이 아니라 토포스(topos)의 희망, 즉 이 땅에 터 한 꿈이다. 월터 브루그만(Walter Brueggemann)의 주장과 같이 성경에서 땅은 하나님 나라의 약속과 밀접한 관련을 지니고 있고 현재의 하나님 나라를 이해하도록 한다.[29) 하나님은 우리가 살고 또 우리가 의존하는 삶의 조건인 땅, 즉 토포스를 '생명-놀이-공간'으로서 돌보신다. 하나님은 이 땅을 돌보도록 우리에게 주셨다. 따라서 그리스도인은 이 땅을 '생명-놀이-공간'으로서 보살펴야 한다. 왜냐하면 이 땅은 하나님이 창조하셨고 또한 우리의 삶의 조건이자 하나님 나라가 활동하는 현재의 장소이기 때문이다.

그리스도인의 희망은 다른 사람들에게 희망의 이유를 제시한다. 기독교 창조 신앙은 삶의 충만함에 긍정적인 태도를 지니게 한다. 따라서 그리스도인은 중대한 위험과 '창조 탄식'을 매우 심각하게 받아들인다. 창조적인 모든 현실에 존재의 근원을 부여하는 창조자 하나님의 관점에서 볼 때, 신앙은 인간의 다양한 한계 경험에 대한 이해될 수 없는 자신감을 준다. 창조에 대한 믿음의 깊이와 힘은 우리로 하여금 창조 세계의 위협을 인식하게 하고 기후 위기에 직면한 창조 세계에 절망하지 않고 진지하게 받아들이게 돕는다. 창조자 하나님이 구원자 하나님이심을 믿는 우리는 파괴되고 신음하는 창조 세계의 구원 가능성을 믿기 때문이다. 그리스도인들은 완벽한 세계, 유토피아적 세상을 추구하지 않는다. 오히려 우리가 보는 세상은 인간의 죄로 왜곡되고, 상처 입고, 갈등하는 비상사태의 세계로 인식한다. 이러한 위기 상황에서 우리가 잊지 않아야 하는 것은 희망이다.

문제는 교회가 희망을 망각하지 않고 세상에 희망을 주어야 한다는 것이다. 그리고 동시에 교회는 하나님의 창조에 대한 책임을 망각해서는 안 된다는 것이다. 이러한 이중적 망각을 교회는 가장 경계해야 하는 것이다. 우리는 믿음으로 두려워하지 말고 인간의 창조능력을 통해 이 세상을 해방하겠다는 하나님의 약속을 신뢰해야 한다.[30]

기독교적 믿음은 올바른 것을 믿는 것을 넘어 훨씬 깊은 마음의 움직임이고 하나님과 그 분의 언약에 대한 신뢰다. 마태복음 제14장 25-31절은 하나님을 신뢰하는 그리스도인이 어떤 위기 앞에서도 하나님의 부력을 믿고 의지해야 한다고 가르친다. 기후 위기 시대 기독교 신앙의 혁신적인 임무는 오늘날 창조에 대한 신학적이고 윤리적이며 실제적인 활동을, 책임 있는 삶을 살아가는 것이다. 그리고 동시에 개인적 영역을 넘어 공공의 영역에서도 환경 정책의 기초를 제공할 수 있어야 한다. 교회는 환경친화적인 관행과 원칙에 대한 세계적 관심을 환기해야 한다. 기독교 교회는 지속 가능성의 개념을 형성하고 실행하기 위한 이론적이고 실천적인 동기를 부여해야 한다. 즉, 창조 신앙에 근거하여 우리는 기독교인들에게 결정적인 활동의 계기를 제공해야 한다. 지속 가능성은 교회가 창조에 대한 기독교의 책임을 구체화하는 데 고려해야 할 중요한 개념이다. 그리고 이 주제에 대한 공론장에서 교회는 현대사회의 상황과 실제 의사 결정 문제에 영향을 미칠 수 있는 기회를 제공할 수 있다. 문제 해결에 기여하고 자연과의 관계를 나타내는 종교에 도전함으로써 지속 가능성 담론은 교회에 좋은 기회가 된다.

Ⅳ. 나가는 말

21세기의 가장 큰 화두는 생명이다. 이 말은 우리가 생명의 위기를 이미 목도하고 있음을 웅변한다. 몰트만의 말과 같이 오늘날 우리가 경험하는 생태 위기는 생명의 위기[31]요, 동시에 인간의 위기이다. 이러한 주장을 명확하게 보여주고 있는 단어가 '기후 위기'이고, 글 첫머리에 제시한 숫자가 의미하는 것이다. 생명의 문화는 죽음의 문화가 자행하는 생명 살인의 야만적 행위에 대해 숙고해야 한다. 생명에 대한 사랑은 생명을 위협하는 죽음의 파괴행위에 대한 완강한 저항인 동시에 생명에 대한 사랑 실천의 지향이다. 마틴 하이데거(Martin Heidegger)는 기후변화로 표현되는 생명 위기와 인간 위기의 시대에 생명에 대한 사랑이라는 새로운 희망을 프리드리히 휠더린(Friedrich Hölderlin)의 시에서 찾았다.

위험한 곳에 / 구원자도 또한 나옵니다.[32]

만약 우리와 우리의 세상을 위협하는 죽음의 폭력에 직면하여 생명 문화의 여러 가능성을 탐색한다면, 이 노래는 우리의 위로가 된다. 하이데거는 휠더린의 노래를 다음과 같이 설명한다.[33]

> 구원자는 그저 부수적으로 따라오는 것이 아니다. 구원자는 위험 곁에 서 있는 것도 아니다. 위험 자체가 위험으로 존재할 때, 그것이 곧 구원자이다. 위험이 곧 자신의 은닉된 전향적인 본질에서부터 구원자를 이끌고 오는 한, 위험은 구원자이다.

전 지구가 황폐화하고 인간의 거처인 고향이 상실된 현재를 극복하는 생명 회복과 귀향이야말로 위기 속에서 자라나는 '구원자'에게 돌아가는 회복이다. 그렇다면 '구원자'에게 돌아간다는 것은 무엇을 말하는 것일까? 하이데거에 따르면 그것은 '시적으로 [이 땅 위에] 거주함'이다. 이 말은 지상에서 인간의 본래적이고 온전한 거주의 가능성을 말하며, 동시에 이 땅에서 대지의 축복을 맞이하고 창조적으로 구원자 하나님을 맞이한다는 뜻이다. 또 그렇게 하나님을 맞이하는 가운데 인간이 고향에 거주하는 정서에 젖게 됨을 의미한다. 다른 측면에서 이 말은 하나님이 생동하는 오늘 여기 한가운데에서 창조적 혹은 창조신학적으로 살아감을 뜻하고, 더 나아가 사물의 본질 가까이에 다가감을 뜻한다. 이러한 이해는 기후변화가 신학에 무엇을 요구하고 있는지, 그리고 어떤 새로운 신학적 주제를 제시하고 있는지 살펴볼 수 있게 한다.

기후 위기 시대 교회는 이야기하는 생명 공동체다. 교회의 교회 됨을 의미하는 교회의 표징은 전통적으로 성찬과 말씀 선포에 있으며, 이곳이 준행되는 것이 예배다. 예배는 기후 위기 시대 새로운 교회의 희망이다. 위기의 시대 예배는 생태적 감수성을 일깨우는 의례인 동시에 창조신학과 신앙이 선포되는 자리다. 교회와 그리스도인들은 예배를 통해 소비를 미덕으로 아는 소비사회를 살아가는 대다수 도시인에게 생태의식을 환기하여 생태적 삶의 길을 제시할 수 있다. 우리가 예배를 드리는 목적은 하나님을 찬양하기 위함이며, 동시에 세계 안에 존재하는 자신의 삶 자체를 긍정하는 일이다. 기독교인들은 하나님을 창조주로 고백한다. 그러므로 교회는 창조 세계에 대한 하나님의 사랑을 선포해야 한다.

교회가 하나님의 창조 세계를 위한 증언자가 된다는 것은 무엇인가? 그것은 인간의 부당하고 한계 없는 탐욕에 의해서 지금 위협받고 있거나 멸종당하고 있는 목소리 없는 온 생명을 대신하여 우리가 대담히 말하는 것이다. 아직 태어나지 않는 미래 세대들에 대한 우리의 책임은, 그리고 기후 위기로 심각하게 고통당하는 우리의 이웃들에 대한 도덕적 책임을 진지하게 고민하고 실천하는 것이다. 우리 설교의 방향은 개인 구원과 마찬가지로 공동체 구원으로, 온 생명 구원으로 그 지평을 확장해야 한다. 로마서 제8장 19-22절에서 언급하고 있는 바와 같이 구조적인 불의와 생태적 정의의 문제를 이야기하고 온 생명의 소리 없는 소리, 그 신음을 대언해야 하는 것이다.

> 피조물이 고대하는 바는 하나님의 아들들이 나타나는 것이니[…] 그 바라는 것은 피조물도 썩어짐의 종노릇 한 데서 해방되어 하나님의 자녀들의 영광의 자유에 이르는 것이니라 피조물이 다 이제까지 함께 탄식하며 함께 고통을 겪고 있는 것을 우리가 아느니라.

바울이 로마서 제8장 26절에서 말한 것과 같이 기후 위기 시대 교회는 신음하는 온 생명의 소리 없는 탄식과 고통을 이야기하고 생명의 영, 성령 하나님의 탄식의 기도를 함께하는 생명 공동체가 되어야 한다. 기후 위기 시대, 생명 공동체인 교회는 탈탄소 교회를 지향하고 녹색 은총을 회복한 녹색 공동체인 것이다.

미주

1) Harald Welzer, Hans-Georg Soeffner & Dana Giesecke, "KlimaKulturen," in *KlimaKulturen. Soziale Wirklichkeiten im Klimawandel* (Frankfurt a. M.: Campus, 2010), 11.

2) Ulrich Beck, *Die Risikogesellschaft* (Frankfurt a. M: Suhrkamp, 2003): Anthony Giddens, *Jenseits von Links und Rechts*, ed. Ulrich Beck (Frankfurt a. M.: Suhrkamp, 1997), 107: Karl-Werner Brand & Cordula Kropp, "Naturverständnisse in der Soziologie," in *Naturverständnisse in der Nachhaltigkeitsforschung*, ed. Dieter Rink & Monika Wächter (Frankfurt a. M.: Compus, 2004): Hans J. Münk, "Von der Umweltproblematik zur Nachhaltigen Entwicklung," in *Christliche Identität in pluraler Gesellschaft*, ed. Hans J Münk & Michael Durst (Freiburg: Paulusverlag, 2006), 176-181.

3) Vittorio Hösle, *Philosophie der ökologischen Krise* (München: C. H. Beck, 1991), 43-45.

4) Martin Heidegger, "Die Zeit des Weltbildes," in: *Holzwege* (Frankfurt a. M.: V. Klostermann, 1977), 75-113. 특히 75-77.

5) Benjamin Barber, *Consumed. Wie der Markt Kinderverführt, Erwachsene infantilisiert und die Demokratie untergräbt* (München: C. H. Beck, 2008); Erich Fromm, Haben oder Sein (Stuttgart: Dt. Bücherbund, 1977).

6) EKD, *Umkehr zum Leben. Nachhaltige Entwicklung im Zeichen des Klimawandels*, (Gütersloh: Gütersloher, 2009).

7) Intergovernmental Panel on Climate Change (IPCC), *Climate Change 2007: The Physical Science Basis. Contribution of Working Group I to the Fourth Assessment Report of the IPCC* (Genf, 2007); EKD, *Umkehr zum Leben*, 16; Ulrich Beck, "Klima des Wandels oder Wie wird die grüne Moderne möglich?", in *KlimaKulturen*, 33-48; Jobst Conrad, *Von Arrhenius zum IPCC: Wissenschaftliche Dynamik und disziplinäre Verankerungen der Klimaforschung* (Münster: Monsenstein und Vannerdat, 2008); Achim Daschkeit & Wolf R. Dombrowsky, "Die Realität einer Katastrophe. Gesellschaftliche Diskurse zum Klimawandel," in *Ökologische Aufklärung*. 25 Jahre „Ökologische Kommunikation, ed. Christian Büscher & Klaus-Peter Japp (Wiesbaden: Springer, 2010, 69-95; Harald Welzer, *Klimakriege*. Wofür im 21. Jahrhundert getötet wird (Frankfurt a. M.: Fischer, 2008).

8) D. A. Narjoko & E. Jotzo, "Survey of the Recent Developments," *Bulletin of Indonesian Economic Studies* 43/2 (2007): 143-169. 특히 161-169.

9) EKD, *Umkehr zum Leben*, Kap. 3; 조너선 닐/김종환 옮김, 『기후변화와 자본주의』 (서울: 책갈피, 2011); 존 벨라미 포스터/추선영 옮김, 『생태계의 파괴자 자본주의』

(서울: 책갈피, 2007); 베른하르트 퓌터/정현경 옮김, 『기후변화의 먹이 사슬: 가해자와 피해자, 그리고 이득을 보는 사람들』(서울: 이후, 2011).

10) 울리히 벡, "변화의 기후가 아니면 녹색 근대가 어떻게 가능할까?", 하랄트 벨처, 한스-게오르크 죄프너, 다나 기제케 편저/모명숙 옮김, 『기후문화. 기후변화와 사회적 현실』(서울: 성균관대학교출판부, 2013), 47-49.

11) 벡, "변화의 기후가 아니면 녹색 근대가 어떻게 가능할까?", 51.

12) 앤서니 기든스/홍욱희 옮김, 『기후변화의 정치학』(서울: 에코리브르, 2009).

13) 피터 싱어/구영모 외 옮김, 『이 시대에 윤리적으로 살아가기』(서울: 철학과현실사, 2008), 105-108.

14) 피터 싱어/김희정 옮김, 『세계화의 윤리』(서울: 아카넷, 2003), 74.

15) World Commission on Environment and Development, *Report of the World Commission on Environment and Development: Our Common Future* (Oxford: Oxford Univ. Press, 1987), 43.

16) 변순용, "생태적 지속 가능성의 생태 윤리적 의미에 대한 연구,"「윤리연구」85호 (2012): 178; 변순용·김나영, "생태적 지속 가능성의 실천적 의미에 대한 연구," 「초등도덕 교육」33호 (2010): 174.

17) 밀브래스/이태건 외 옮김, 『지속 가능한 사회: 새로운 환경 패러다임의 이해』(고양: 인간사랑, 2001), 12.

18) 김원열 외, 『더불어 사는 세계관』(서울: 한경사, 2009), 247-249.

19) 레비나스 윤리학에 따르면, 타자의 일차적 의미는 자아 중심으로 형성되는 내면성에 대해 외재적으로 존재하는 외재성을 의미한다. 그리고 그는 외재성의 범주를 대상의 사물 세계로서의 타자, 인간 존재로서 타인인 타자, 그리고 신으로서의 타자로 구분한다. 레비나스는 이들을 총칭하여 타자라고 한다.

20) 미래 세대를 바라보는 윤리적 관점을 우리는 세 가지로 구분해볼 수 있다. 1) 미래 세대에 대한 어떠한 도덕적 의무도 존재하지 않는다는 입장 2) 미래 세대에 대한 도덕적 의무는 존재하지만 현재보다는 비중을 덜 차지한다는 입장 3) 그리고 미래의 권리와 이익은 동시대 사람들의 것과 같다는 입장이 있다. John Lemons, "Atmospheric Carbon Dioxide: Environmental Ethics and Environmental Facts," *Environmental Ethics*, Vol. 5 (1983), 31.

21) 한스 요나스/이진우 옮김, 『책임의 원칙』(서울: 서광사, 1994), 88.

22) 짐 안탈/한성수 옮김, 『기후교회』(고양: 생태문명연구소, 2019), 39.

23) Martin Luther King Jr., *Testament of Hope* (San Francisco: Haper & Row, 1986).

24) Sallie McFague, *The Body of God: An Ecological Theology* (Minneapolis: Fortress Press, 1993).

25) Sallie McFague, *Life Abundant: Rethinking Theology and Economy for a Planet in Peril* (Minneapolis: Fortress Press, 2000).

26) 샐리 맥페이그/김준우 옮김, 『기후변화와 신학의 재구성』(서울: 한국기독교연구소, 2008), 155-156.

27) 맥페이그, 『기후변화와 신학의 재구성』, 167-168.

28) John D. Caputo, *More Radical Hermeneutic: On Not Knowing Who We Are* (Bloomington: Indiana University Press, 2000), 7.

29) Walter Brueggemann, *The Land* (Philadelphia: Fortress Press, 1977), 2-3.

30) EKD/DBK, *Verantwortung wahrnehmen für die Schöpfung* (Hannover/Bonn: Verlagshaus Mohr, 1985), Nr. 99.

31) Jürgen Moltmann, *Gott in der Schöpfung: Ökologische Schöpfungslehre* (München: Kaiser, 1985), 11; Jürgen Moltmann, Hoffen und Denken. *Beiträge zur Zukunft der Theologie* (Neukirchen-Vluyn: Neukirchener, 2016), 3-14.

32) Martin Heidegger, "Die Kehre," in *Die Technik und die Kehre*. Pfullingen: Neske, 1962,

33) Martin Heidegger, *Vorträge und Aufsätze* (Stuttgart: Klett-Cotta, 1994), 32.

제3장

COVID-19 위기 그리고 환경과 신학의 과거와 미래

안주봉[*]

I. 들어가는 말

본 글은 COVID-19 위기를 계기로 이제 기독교인들 그리고 신학이 왜 환경 문제에 관심을 가져야 하는지 그 당위성과 동기 그리고 태도를 설명하고 더불어 그것을 지향할 때 나타나는 문제점들도 논하기 위한 것이다. 이를 위해 먼저 환경 문제와 관련된 신학의 기성 담론을 검토하면서 그것들의 한계를 살펴볼 것이다. 다음에는 현대사회에 대한 위기 담론 및 그 대안 담론들 특히 COVID-19 사태 이후 필자가 관심을 두는 현재 위기들의 성격을 정리하고 앞으로 지향 가능한 혹은 바람직한 기독교 생태주의의 가능성을 파악해보고자 한다. 또한 본 글은 COVID-19라는 생태 위기에 직면한 현대인에게 발전적 논의를 제공하기 위한 하나의 연구조사이기도 하다. 다시 말해 발전적 역사-사회 문제에 대한 신학적 해석 연구를 위한 징검다리가 되기를

---

* 고려대학교 문학박사, 서양사 전공

기대하는 캐리커처 식 시도라 볼 수 있다. 이를 위해 본 글은 '기성 담론의 한계-부서진 기성 담론의 틀-새로운 틀 만들기'의 순서로 전개된다. 왜냐하면 '인간이 언어라는 감옥에 갇힌 죄수와 같다'라는 아이디어 혹은 '언어라는 거미줄에 의존해 살아가는 거미와 같다'라는 아이디어를 차용하기 때문이다.

II. 환경과 신학을 둘러싼 기성 담론

먼저 환경을 둘러싼 기성 담론에 대해 살펴보도록 하자. 최근 세계는 COVID-19로 몸살을 앓고 있다. 바이러스 발생의 근원지부터 전파과정에 대한 의문은 여전히 시원하게 밝혀지지 않고 있다. 2005년에 마이크 데이비스(Mike Davis)는 『조류독감』에서 제3 세계권에서 급속히 진행된 도시화와 슬럼 지구 확대가 열악한 위생환경을 가져와 바이러스 변종들의 온상이 될 것이라고 경고하였다. 이로 인해 중국이나 동남아시아가 조류독감의 발원지가 될 수 있으며 이로부터 팬데믹 현상이 지구를 덮칠 것을 예상하였다.[1] 그에 따르면, 1980년대부터 가금류와 돼지고기가 수출을 목적으로 그곳들의 특정 기업에 의해 대량 사육된 상황이 바이러스의 식량 및 숙주를 제공하게 되었다. 그런데도 이처럼 위험해진 인간의 공중보건 환경은 제대로 주목받지 못하였고 미국마저 신자유주의 정책이나 중동 관련 대외정책이 방역 관련 의료정책을 축소 또는 왜곡시킴으로써 새로운 위기에 대응할 준비를 갖추지 못했다. 그 결과 오늘날 미국은 COVID-19에 직면하여 이미 예견된 문제점들을 그대로 노출했다. 더욱 놀라운 것

은 마이크 데이비스가 새로운 팬데믹이 덮칠 경우 그 희생자의 98%
는 미국 밖에서 나올 것이며 미국 희생자는 2% 수준일 것이라고 예상
했지만 지금 전체 희생자 중 미국의 희생자는 20%를 넘나들고 있다는
점이다. 이런 COVID-19는 보건 의료 협력문제 때문에 세계적인 차원
에서의 환경 문제에 큰 관심을 두고 협력하도록 요구하고 있다.

물론 COVID-19 팬데믹 문제 이전에 그리스도인이 환경 문제에
관심을 두게 만든 중요한 원인 중 하나는 지구 온난화 문제였다.[2]
현재 지구 온난화 문제에 대한 대책 운동은 2100년까지 지구 온도
가 섭씨 4도 상승하는 것을 막고자 하는 것이지만 그 성공 가능성은
희박한 실정이다. 주지하다시피 지구 온난화의 주원인은 탄소 배출
량의 증가이며 그 원인은 산업화의 진전이다. 그런데 산업화와 자본
주의의 발전을 분리할 수 없는 관계라고 간주하고 자본주의의 발전
에 기독교가 많은 영향을 끼쳤다는 것을 인정한다면 결국 기독교는
지구 온난화의 주범이 된다. 이안 앵거스(Ian Angus)도 생태적 위기
의 원인을 자본주의에서 찾았다. 그와 같은 입장을 가진 학자들에게
자본주의는 부유한 나라들이 그들의 부를 쌓기 위해 기후변화를 야
기하고 그로 인한 대가를 가난한 나라들이 지불하게 만드는 체제인
것이다. 그러므로 앵거스는 그 대책을 정치 행동과 계급투쟁이라고
생각하였다.[3]

이제 환경과 관련된 지금까지의 신학 담론에 대해 살펴보도록 하
자. 레오나르도 보프(Leonardo Boff)는 『생태 신학』에서 자연신학을
넘어 자연과 더불어 존재하는 모든 생물과 무기물 그리고 인간의 삶
에 대한 신학, 즉 전체론적 관점에 입각한 신학을 제시하였다.[4] 이
는 생태학이 살아 있는 유기체와 그 환경 사이의 상호 의존성과 상

호작용에 관한 연구라는 에른스트 헤켈(Ernst Haeckel)의 개념을 적극적으로 수용한 결과이다. 보프는 결국 인간 중심적 공리주의적 패러다임을 극복할 새로운 사회모델의 필요성을 제기하면서 정신 생태학을 제기하였다. 이를 통해 그는 존재의 무게를 강조하면서 이원론적, 남성 중심적, 소비주의적인 현대문화의 모순과 대면하기 위해 인간의 긍정적 정신 에너지를 강화하려 하였다. 또한 그는 신학 패러다임의 변화를 주장하면서 신비에 기초한 새로운 영성, 창조신학의 복원, 성령론의 재발견, 기독교적 만유재신론 등을 제기하였다. 더 나아가서 보프는 신학적 갱신을 넘어 사회 정의 문제에 대해서도 진지하게 고민하였다. 또한 보프는 사회주의를 지향하기보다는 집단적이고 갈등하는 가난한 이들을 실천과 성찰의 중심에 놓는 해방신학을 고집하였다. 그는 그 가난한 사람들로부터 변혁의 가능성을 기대하였으며 반 권위주의적이며 다원성의 본질을 수용하는 시민권에 기반을 둔 세계시민사회를 기대하였다. 이러한 그의 관심은 결국 소외되고 가난한 이들을 구원하는 것에 있다.

자본주의라는 사회경제적 발전 혹은 '사회-경제-통치'의 발전을 두고 기독교가 원죄를 가진 것처럼 여기는 입장들은 막스 베버(Max Weber)의 명제와 밀접한 관련이 있다. 하지만 베버의 명제를 둘러싼 학문적 논쟁을 고려한다면 이는 단순하게 이야기할 문제가 아니다.

한편 일부의 학자들은 일찍부터 서구의 근대적 사유체계와 기독교적 인식론의 한계 문제에도 주목하였다. 왜냐하면 근대철학의 사유체계는 자연을 인간으로부터 분리했기 때문이다. 조지 헨드리(George S. Hendry)는 근대철학의 이러한 경향에 비추어 볼 때 플라톤(Platon)과 아리스토텔레스(Aristoteles)의 철학에서 자연이 인간보다 앞선 것으로 상정되어 있었다는 점을 지적하였다.[5] 근대성의 주춧돌을 놓았던 임마누엘 칸트(Immanuel Kant)는 하나님을 발견하기 위해 하늘의 별보다는 "내부의 윤리적 법칙"을 바라보아야 한다고 했다.[6] 칸트의 영향은 루돌프 불트만(Rudolf Bultmann)과 파울 틸리히(Paul Tillich)의 신학에서도 발견된다.[7] 인간의 내적 삶에 대한 관심은 아우구스티누스(Augustinus)에게서도 중요한 신학적 주제였고 이는 종교개혁 때 마틴 루터(Martin Luther)에게로 이어졌다. 루터의 관심도 인간의 영혼에 대한 것이었는데, 1592년『소 교리 문답』중 사도신경 제1항에 대한 해설에서 그는 신의 창조가 인간을 향해있다고 주장하였다.[8] 칼 바르트(Karl Barth)는 성경의 중심이 신에 대한 진술이며 이 진술이 인간적 영역과 관계되어 있던 관계로 신학이 신-인간학(Theo-Antropology)이 되어야 한다고 역설하였다.[9]

과거 린 화이트(Lynn T. White Jr.)는 생태적 위기의 원천이 땅을 정복하고 그 만물을 지배하도록 인간에게 명령한 창세기 제1장 28절의 성서적 위임에서 있다고 주장하여 사람들의 주목을 받았다. 이에 반해 헨드리는 창세기 제2장이 그와 다른 구도라는 점을 상기시킨다. 그에 따르면, 창조에 관한 첫 번째 기사는 인간이 하나님의 형상으로서 특별히 구별되었지만 두 번째 기사에서는 하나님께서 우주와 관련된 그의 목적을 시작하시는 출발점을 땅으로 삼음으로써 인간이 중심에 있지 않다. 더구나 두 기사를 연결하면 세계는 하나님으로부터 나와 하나님을 향하여 가는 두 방향이 드러난다.[10]

한편 에릭 마스콜(Eric L. Mascall)에 따르면, "기독교의 하나님에 의해 창조된 세계는 우연적이면서 동시에 질서적이다. 창조자가 이성적이기 때문에 규칙성과 일정한 양식을 담지 할 것이지만 그는 또한 자유로우시기 때문에 그런 규칙성이 구체적으로 선험적으로 연역 되거나 예측될 수 없다. 그것들은 오로지 관찰과 검토를 통해서만 발견될 수 있다. 기독교의 유신론이 상정하고 있는 세계는 관찰과 실험이라는 두 기술을 동반한 과학적 방법을 적용하기에 이상적인 영역이다."[11] 그러므로 마스콜은 과학을 통해 신에게 갈 수 있다고 주장했다.

하지만 물이 화씨 32도에서 언다는 것이 경험적 관찰에 의해 발견되었다고 해도 그것이 곧 이성적이라고 말할 수 있는 근거가 없다. 만일 세계질서의 합리성이 감추어져 있고 과학적 탐구에 의해서만 발견될 수 있다면 합리성이란 결국 과학자의 판단에 따르는 것이 된다. 하나님의 기원은 거기에 아무런 역할을 하지 못한다는 측면에서 자연과학이 곧 자연신학이 될 수는 없다.[12] 그런데도 근대 자연과학의 의기양양한 자신감 때문에 지금까지 현대인의 의식은 과학의 입장에서 결정되어 왔다. 그 결과 '그 자궁 속에서 잉태되고 유방에서 양육되며 그 품속에서 쉬게 되는 어머니' 이미지를 자연에 대입시키지 않고 분석적인 사고를 하며 탐구하고 측정하는 대상으로서의 자연에 대한 관념을 갖게 되었다. 물론 과학은 자연을 이렇게 대상화함으로써 눈부신 업적을 이루었다. 하지만 이러한 실용적 승리는 인간을 자연으로부터 소외시키는 대가를 치렀다. 인간은 소외를 통해 총체적 실체를 상실하고 의식의 주관성에 매몰된 것이다.[13]

그러므로 헨드리는 이제 신학이 전체 세계, 구원의 역사, 내적인 생명이라는 세 가지 문제에 관심을 가져야 한다고 주장했다.[14] 이것은 다시 '성부-성자-성령' 삼위일체설이라는 어려운 이해문제에도 연관되어 있다.[15] 헨드리는 그 대안을 모색하면서 동양에 대한 관심을 환기시키는데, 특히 인간을 자연의 한 부분으로 겸허히 인정한다는 동양의 관점을 강조하였다.[16] 게다가 성경의 저자 중 한 사람인 이사야는 메시야의 도래 때에 늑대가 어린양과 어울릴 것이라고 말했던 것이다.[17] 이에 헨드리는 이러한 생태의식의 문제에 대하여 로마서 제8장 18-23절의 다음 말로 응답하려고 하였다.

> 18 생각건대 현재의 고난은 장차 우리에게 나타날 영광과 비교할 수 없도다
> 19 피조물이 고대하는 바는 하나님의 아들들이 나타나는 것이니
> 20 피조물이 허무한 데 굴복하는 것은 자기 뜻이 아니요 오직 굴복하게 하시는 이로 말미암음이라
> 21 그 바라는 것은 피조물도 썩어짐의 종노릇 한 데서 해방되어 하나님의 자녀들의 영광의 자유에 이르는 것이니라
> 22 피조물이 다 이제까지 함께 탄식하며 함께 고통을 겪고 있는 것을 우리가 아느니라
> 23 그뿐 아니라 또한 우리 곧 성령의 처음 익은 열매를 받은 우리까지도 속으로 탄식하여 양자 될 것 곧 우리 몸의 속량을 기다리느니라

이런 맥락에서 헨드리는 기독교인에게 다음과 같은 의식의 전환을 요청하였다. 첫째는 고통 받는 자연에 대하여 연대의식을 가지되 이 과정에 성령의 도움을 받아야 한다. 둘째는 복음의 관점에서 자연을 이해하라. 즉 그리스도의 부활이 세계의 완성을 창조와 연결하는 연결체요 하나님의 성실성에 대한 결정적 증거로 받아들이는 것이다. 셋째는 자연에 관련된 하나님의 계획의 성취를 위해 우리에게 부과된 책임을 인식하라. 특히 예배 중 성찬식에서 생명에서 가장 중요한 요소를 하나님께 바치면서 기도할 때 그 기도는 그리스도의

성육신, 고난 그리고 부활을 통한 우리 몸의 완성이 전 물질적 세계에까지 확장되기를 기원한다는 점을 상기시켰다. 성찬식 자체가 무기물-유기물-인간으로 이어지는 연속을 보여준다는 것이다.[18] 이상과 같은 헨드리의 견해는 총체성이라는 관점을 들어 세상을 향해 관심을 열어두었다. 하지만 그의 대안은 여전히 기존의 신학적 인식론 위에 그 기본 틀을 유지하고 있다.

III. 부서지는 기성 담론의 틀

근대 기독교가 오늘날의 생태 위기에 일정 부분 책임 있다는 것은 부인할 수 없지만 '기독교는 본질적으로 환경 파괴적이다'와 같은 논리적 비약은 주의해야 한다. 이를 분명하게 밝히기 위해 우선 자본주의 발전과 기독교 사이의 상관관계에 관한 담론에 중요한 영향을 미친 베버 명제가 처음부터 논쟁의 소지가 있었다는 점을 짚고 넘어가야 하겠다. 베버가 『프로테스탄트 윤리와 자본주의 정신』을 발표하게 된 이유는 그의 시대에 카를 마르크스(Karl Marx)의 유물론이 유행하는 현실에서 물질이 인간의 의식을 결정한다는 견해에 대응하여 인간의 의식이 물질적 발전을 견인할 수도 있다는 것을 보여주기 위한 것이었다. 이를 위해 베버는 한 모형으로 기독교의 프로테스탄티즘을 상정한 것이었다. 그 이유는 첫째, 상업의 발전 규모에서는 서구보다 훨씬 더 앞서 있던 중국에서 자본주의가 일어나지 않은 반면 서방에서는 일어났기 때문이고, 둘째, 전근대 사회와 달리 근대인에게는 시간을 이용한 강도 높은 노동통제방식이 나타났기 때문이다. 베버는 그 차이가 무엇인가 라는 질문에 대한 답의 하나로 프로테스탄티즘의 세속적 금욕주의와 예정론에 동반된 정신적 긴장과 불안감을 지목하였을 뿐이다. 게다가 베버의 연구는 그의 주장을 증명하기 위한 계량적 검증을 포함하고 있지 않으며 단지 해석학적 맥락에서 시도된 문화연구였다.

이를 둘러싼 논쟁은 결국 베버가 말하는 프로테스탄티즘이 자본주의 발전에 도움을 주었을 지라도 그 핵심 동력이었다고 말할 수 없다는 것을 잘 보여준다. 베버는 정신만이 역사발전의 원동력이라고 주장한 것이 아니었다. 자본주의의 발전과 프로테스탄티즘 사이의 상관관계는 절대적이라기보다는 상대적이다. 왜냐하면 역사는 정신과 물질 어느 한쪽에 의해 결정되는 것이 아니라 서로 영향을 끼치기 때문이다.19) 그러므로 '기독교가 있어야 자본주의가 발전한다' 혹은 '프로테스탄티즘이 있어야 자본주의가 발전한다'라기보다는 자본주의가 발전한 유럽 선진국에 프로테스탄티즘에 기반을 둔 기독교가 있었다고 말하는 것이 정확하다. 또한 베버 명제와 같은 주장도 가능성은 있었지만 기독교와 자본주의 발전 사이의 상관관계가 절대적이라고 말할 수는 없다. 자본주의의 발전에는 다음과 같은 요소도 영향을 미쳤다. 첫째, 종교개혁 과정에서 생존의 위기에 처한 많은 사람들이 적극적으로 그들의 활로를 찾아 나서게 된 것과 그들이 상공업을 발전시킨 것에서도 그 원인을 찾을 수 있다. 둘째, 종교개혁이 촉발한 교육의 확대이다. 이러한 관점에서 능동적인 근대인의 등장은 종교개혁에 수반된 정치·사회·경제적 불안과 프로테스탄티즘이 복합적으로 작용한 결과라 할 수 있다. 그리고 이 점에서는 르네상스의 영향도 간과될 수 없다. 이처럼 자본주의의 발전과 팽창 원인을 프로테스탄티즘 혹은 기독교로만 수렴시킬 수 없다.

이러한 분석이 필요한 이유는 기존의 생태 위기에 대한 담론들 중에는 자본주의와 기독교 사이의 절대적인 상관관계를 기반으로 '기독교는 본질적으로 환경 파괴적이다'라고 주장하는 것도 있기 때문이다. 생태 위기와 관련된 또 다른 형태의 극단적인 담론은 '기독교는 본질적으로 정복과 팽창을 지향한다'라는 것이다. 이런 담론을 추종하는 이들은 이를 기반으로 '기독교는 본질적으로 환경 파괴적이다'라는 주장을 정당화한다. 서구 제국주의의 발전에 있어 근대 기독교의 책임을 부인할 수는 없다. 사실 서구의 그리스도인들 중에는 성경을 근거로 정복 성향을 정당화한 이들도 있었다. 과거 근대 기독교의 잘못은 분명 비판받아야 하지만 정복과 팽창의 종교적 정당화는 기독교가 아닌 다른 종교나 다른 문화권에서도 발견된다. 물론 이런 반론은 오늘날 직면한 생태 위기가 그리스도인이 책임이 아니라는 것을 주장하기 위한 것이 아니라 생태 위기의 원인에 대한 냉정한 평가를 하기 위함이다.

전근대 시대의 기독교 전통 중에 있었던 생태주의적 지혜는 '기독교는 본질적으로 환경 파괴적이다'라는 주장을 반박한다. 예를 들어 사막의 교부들, 질박했던 켈틱 교회 전통, 베네딕트 수도원 제도, 힐데가르트(Hildegard von Bingen)의 신비주의, 프란치스코(Francesco) 수도회의 영성 등이 그런 것들이다.[20]

한편 보프는 기독교 내의 생태주의적 관점을 현대적으로 재해석하고 생태 위기의 도래는 인간의 전 영역이 생태주의의 관점에서 다시금 이해되어야 한다는 것을 분명하게 보여주었다. 그런데 생태주의의 관점에서 20세기에서 21세기로의 전환기는 사회경제적 관계

변화가 가히 혁명적이라고 할 수 있을 만큼 그 변동의 폭이 컸다는 점에 유의해야 한다. 기본적으로 해방신학이 지지하던 마르크스주의의 침체가 일어났고 소련 공산정권의 붕괴가 있었다. 중국과 같은 경우는 공산주의 체제를 표방하고는 있지만 사실은 국가독점자본주의라고 부를 수 있을 만한 기묘한 정치경제체제를 지속하고 있다.

사회주의의 영향이 컸던 과거에는 마르크스주의에 의지하고 노동계급의 투쟁에 입각한 생태주의의 가능성이 논해질 수 있었다. 하지만 최근 미국 대선에서 친환경 정책을 펼칠 것을 주장한 민주당 조 바이든(Joe Biden) 대통령 후보보다 자신의 생존을 위해 도널드 트럼프(Donald J. Trump)를 지지하겠다고 한 펜실베이니아(Pennsylvania) 광산 노동자의 이야기에서 알 수 있듯이 노동계급이라고 해서 무조건 생태 사회주의를 지향할 것이라고 믿기에는 현실적 어려움이 있다.

게다가 작금의 사회 변화는 가히 혁명적이다. 2008년 세계 금융위기를 거치면서 자유주의 정치철학에 기반을 둔 자본주의의 오만한 표상 같았던 신자유주의가 몰락하였다. 그 빈자리에는 그저 시장경제라는 이름을 가진, 이마저도 사기처럼 여겨지는 경제 체제가 아직 자본주의라는 브랜드의 낡은 외투로 새 이름으로 정의되지 못한 몸을 가리고 있을 뿐이다. 이외에도 선진국에서는 산업구조 개편으로 탈산업사회, 정보화 사회로의 전환이 일어났다. 미국의 저널리스트이자 사회학자 다니엘 벨(Daniel Bell)은 제2차 세계대전 이후 선진국에서 과거의 공장에 기초한 산업사회를 벗어나, 이른바 3차 산업 중심의 새로운 사회가 등장하자 이를 "탈산업사회"로 규정하였다.[21]

벨은 탈산업화와 산업화의 차이를 다음과 같이 정리하였다.

(1) 제조업에서 서비스로의 생산 중심 이동.

(2) 전문직, 기술직의 엄청난 증가에 반해 숙련, 반 숙련 노동자의 쇠퇴 현상.

(3) 전문직과 기술직의 증가로 교육이 사회이동의 토대가 된다.

(4) 지난 30년 동안 경제이론에서 자본은 주로 화폐나 토지 형태로 축적된 금융자본으로 간주되었으나 이제 다양한 기회와 사회적 네트워크에 의한 사회적 자본도 고려대상이 된다.

(5) 통신체계들이 융합되고 제조업에서 컴퓨터를 이용한 설계가 확산하면서 수학과 언어학에 기초한 '지적(知的)기술'이 전면에 부상하였다.

(6) 산업사회의 하부구조는 운송이었으나, 탈산업사회의 하부구조는 통신이다.

(7) 산업사회가 노동가치론에 토대를 둔 반면, 현재는 지식이 중요한 발명과 혁신의 원천이기 때문에 탈산업사회는 지식 가치론에 기초한다.[22]

산업사회와 탈산업사회의 역사적 구분은 과거 기계기술에서 전기기술을 거쳐 프로그래밍, 언어학, 알고리듬 등과 같은 지적기술로의 변화로 규정할 수 있다. 이는 아날로그에서 디지털로의 변화로도 설명된다.[23] 또한 지난 200년 동안 우리는 금본위제에 기초한 국제경제를 갖고 있었지만, 오늘날에는 지구경제가 등장했다. 즉 국민경제에 기초한 국제경제가 국가 경계선이 약화하면서 지구경제로 통합되었다.[24] 다만 최근 트럼프 때의 미국은 이 경향에 제동을 걸고 역행하려는 움직임을 보였다. 바이든 새 정부가 어떤 노선을 취할지는 아직 확실하게 알 수 없으나 자본주의의 열매는 취하되 민주주의적 사회발전을 거부하는 중국 사회주의의 팽창주의적 태도는 국제적 경제통합에 걸림돌이 될 것이 분명하다. 또한 현대 정보시대의 인간은 기계기술이 아닌 지적기술에 토대를 둔 소통을 추구하며, 이 새로운 통신 하부구조는 상호작용과 참여를 강조하고 매체를 상호연관성을 갖는 무수한 것들로 확장한다. 이런 새로운 상호작용이 사회적 네트워크이며, 이런 네트워크들이 사회적 자본과 사회적 영향의 중요성을 증가시킨다.[25]

그러나 이 과정에 지적될 한 가지 문제는 인터넷이란 것이 현대 전화시스템을 갖춘 선진국과 지역에 국한된다는 점이다. 또한 얼마 전까지 인터넷은 텔레비전과 분리되어 있었지만 최근의 매체통합은 컴퓨터, 소프트웨어, 케이블, 엔터테인먼트 등 서로 다른 회사들의 제휴와 합병이 가능하게 만들었다는 점이다.[26] 이상과 같은 탈산업사회는 다음과 같은 사회변동도 야기하였다.

(1) 산업노동계급의 지속적 감소, 지식노동자의 증가, 계급 정의에서의 소유 관계의 역할 감소 즉 소유자 경영자의 분리현상에 의한 계급의 사망.[27]
(2) 여성이 관리계급으로 상승함으로써 노동력의 지위 변화.[28]
(3) 농업 및 채취산업-경공업-중공업-하이테크(계기, 광학, 극소전자공학, 컴퓨터, 텔레커뮤니케이션)-미래 산업(생물공학, 소재과학, 우주정거장, 인공위성 등 전문 과학에 기초한 산업) 등의 5단계로 구분될 수 있는 기술의 사다리(technological ladder), 그리고 생존-욕구(의, 식, 주)-원망(취향)-재량소득(원망까지 충족되고 남는 소득으로서 기호적인 것에 소용될 수 있는 돈)-사치(고급 차, 고급 주택, 고가 그림 등 향락적 소비) 등의 '소비의 사다리' 등과 같은 발전의 사다리 존재.[29]

그런데 정보와 사회는 결국 개인에 대한 감시와 통제를 용이하게 강화할 위험이 있다는 점도 짚고 넘어가지 않을 수 없다. 즉 미래 사회는 억압이 증대될 수 있는 요소를 가지고 있다. 이 때문에 벨도 탈산업적 발전이 인간에게 자신들의 사회적 운명에 대한 더 많은 통제력을 약속하지만 그것은 어디까지나 지적 자유와 개방적 정치제도를 제한하려는 사람들에 맞서 진리를 추구할 수 있는 자유가 보장되는 조건 아래에서만 가능하다고 지적하였다.30)

한편 지식에 있어서는 근대성에 대한 비판이 바로 근대세계를 떠받쳐온 담론의 한계를 폭로하면서 주관주의, 주체, 독단적 이성 등으로 불리는 우상을 쓰러뜨렸다. 이러한 현실은 현대인에게 수많은 불확실성을 안겨다 주었다. 과거에는 신이 죽었다 했는데 이제는 인간도 죽었다고나 해야 할까? 또한 권력 문제에 집착하는 미셀 푸코(Michel Foucault)나 언어사회적 관점에서 인간에 집착하는 위르겐 하버마스(Jürgen Habermas)의 사상은 생태 위기 시대에 대안이 될 수 있을까? 어쨌든 생태 위기의 관점에서 한 가지 확실한 것은 인간 중심주의 사고를 탈피하지 못한다면 생태 위기를 극복할 수 없으며 생태 신학이 추구해야 할 총체적 혹은 전체적 접근법과는 거리가 있을 수밖에 없다는 점이다. 현대인은 생태 위기 앞에서 여전히 풀어야 할 많은 숙제를 안고 있다.

강력한 전염성과 치사율을 보인 COVID-19는 그 대책으로 격리와 폐쇄를 요구함으로써 루소와 같은 계몽사상가에 많은 신세를 지고 있는 근대적 자유 이념의 한계를 시험하였다. 관용의 원리 위에서 타인에게 위해를 가하지 않는 이상 무엇이든 할 수 있다고 주장되는 계몽 사상적 자유는 집단감염 확산을 막기 위해 봉쇄 혹은 통행금지를 강제하는 국가권력과 충돌하였다. 다른 한편으로 한국에서는 감염자 추적을 위해 통신 정보에 위한 위치추적시스템이 활용되면서 사생활의 자유 침해 문제가 제기되었다. 이 문제는 아직 한국 사회에서 큰 논쟁거리가 되고 있지는 않다. 하지만 앞으로도 현실적 필요에 의해 유사한 통제가 재현될 수도 있다는 점을 고려한다면 이러한 현실이 정치적 영역에서 민주 사회를 억압하는 치명적인 통제장치로 악용되지 않도록 대안을 세워야 한다. 이미 우리는 몇몇 권위주의적 정권이 들어선 나라들이 방역을 명목으로 독재정치에 기반을 둔 통제국가를 정당화하였던 현실을 알고 있다. 이런 위험성은 조지 오웰(George Orwell)의 『1984』에 나오는 '빅브라더'(Big Brother)의 통제보다 더 심각할 수 있다.

Ⅳ. 새로운 틀 만들기

이상과 같은 사회경제의 전환기적 환경에서 그 위험성에도 불구하고 고개를 드는 개념은 결국 '통제'라는 개념이다. 이미 고삐 풀린 신자유주의적 시장경제가 가져온 2008년의 세계적 금융위기는 시장경제에 대한 통제 혹은 감시가 요청된다는 교훈을 세계인들에게 뼈아프게 알려주었다. 이에 2013년 프란치스코(Francesco) 교황은 "통제받지 않는 자본주의는 '새로운 독재'"라고 강한 어조로 비판하며 전 세계 정치 지도자들은 경제적 불평등을 없애기 위해 노력해야 한다고 촉구했다. 또 가톨릭 사제와 신도들에게 "사회통합과 인권·시민권을 둘러싼 문제가 발생했을 때 이를 해결하기 위한 역할을 다해야 한다"며 적극적인 사회참여를 당부했다.[31]

하지만 현대경제에 대한 통제를 어떻게 해야 할 것인지에 대해서는 아직 개념 정립이 미진하다. 그나마 현실적인 용어는 아마도 '경제에 대한 민주적인 통제'일 것이다. 생태 신학도 '경제에 대한 민주적인 통제'와 연관된 논의로 발전시킬 필요가 있으며 이를 통해 자연에 대한 새로운 논의를 부드럽게 이어갈 수 있을 것이다. 그런데 보프는 그의 논의의 한계에도 불구하고 변혁을 추구할 사람들이 간과할 수 없는 요소를 언급하였다. 즉 변혁의 주체 문제를 제기하였던 것이다.32) 마르크스주의를 긍정하는 보프는 『생태 신학』 제2부 제1장에서 갈등하는 집단으로서의 가난한 이들이 변혁의 주체가 될 것이라고 보았다. 하지만 과거와 많은 것이 달라진 이때 변혁의 주체에 대한 담론은 보다 심도 있는 논의를 필요로 한다. 예를 들어, '탈산업사회에서의 생태주의 신학은 누구를 주체로 생각할 수 있을까?' 또는 '변혁의 주체는 있어야 하는 것일까? 없어야 하는 것일까?' 혹은 '상호 주체인 것일까?' 등이 있다.

한편 '콘라디'라는 연구자는 기독교적 생태주의 개혁이 전 지구적으로 이미 추진되고 있지만 아직 완만하게 진행되고 있으며, 소비주의가 그것마저 오염시키는 문제를 지속해서 마주한다고 지적한다. 그는 기독교 전통의 생태주의적 개혁이 설득력을 얻기 위해서는 기능적이거나 실용적 차원에서 접근해서는 안 되며 기독교 전통의 상징들에 뿌리내려야 한다고 주장한다. 즉 삼위일체 하나님에 대한 기독교 신앙, 성경 텍스트에 대한 주석, 예식의 갱신, 믿음·소망·사랑과 기쁨의 미덕의 회복 등과 같은 복음의 중심 메시지에 뿌리내려야 한다는 것이다.33) 또한 콘라디는 생태 위기라는 전 지구적 위기 앞에서 기독교의 생태주의적 대응이 파편화되어 정리하기 어렵다고 하면서도 기독교에 의한 차별적 담론 현상들을 여덟 가지로 나누어 제시하였다.

첫 번째는 성경 해석학적 생태주의 담론이다. 그는 성경에 근거하여 생태적 지혜를 회복시키려는 주석 작업은 자연히 창조에 관련된 텍스트에 관심을 모은다는 점을 지적한다. 그에 따르면, 이것이 성경에 생태적 지혜가 충만하다는 것을 가리키려 하지만 제한된 텍스트의 선택으로는 기독교 공동체로 하여금 관련된 생태적 관심을 구원에 관한 중심 메시지와 연결하는 데 별 도움이 되지 않는다.

두 번째는 구성신학(Constructive Theology) 담론이다. 구성신학은 기존의 조직신학이라는 개념의 한계를 극복하려는 개념이다. 콘라디에 따르면, 대부분의 신앙고백 전통과 신학 학파가 생태적 관심에서 기독교 신앙의 내용과 중요성을 재고하려는 시도를 했었는데 이 역시 다수가 창조 테마에 관심을 집중하는 경향이 있다고 한다. 그 대다수는 책임감 있는 청지기, 사제 혹은 후견인 위치의 필요성을 강조한다. 반면 일부는 그런 책임을 표현하는 은유의 적절성에 대해 문제를 제기한다. 또 다른 어떤 사람들은 '성부·성자·성령' 삼위일체 하나님에 대한 믿음, 하나님의 섭리, 구원, 성취, 형성, 통치, 교회 사역과 사명 등과 같은 기독교 신앙의 핵심적 상징 전체를 재해석할 필요가 있다고 주장한다. 하지만 여기에는 해결되지 않은 이슈들이 많이 남아 있다. 즉 생태학에 하나님의 초월성이 갖는 중요성, 그리스도와 성령의 관련성, 하나님의 창조와 구원에서 정의의 실천, 하늘나라에 가는 소망을 다루는 종말론적 완성의 희망 등의 문제 같은 것들이다. 그런데 그와 관련된 담론들 다수는 특정 신학 전통과 지역적 맥락에 한정된다. 또 그것은 자연과 은총에 대한 다양한 관점, 세계관들의 저변, 신앙과 과학에 대한 관점, 기독교와 다른 종교들과의 관계 등에 관한 문제는 여전히 심층적인 차이를 보인다.

세 번째는 공정하고 참여적이며 지속 가능한 사회 담론이다. 이것은 1975년 나이로비의 WCC 총회 이래로 환경의 지속성, 경제적 불공정, 폭력적 갈등 등에 관한 윤리적 관심에 대해 신학적 조망을 제공하는 문헌들과 더불어 나타났다. 그리고 그 세 가지 이슈 뭉치들 사이에서 다중의 연결고리들이 광범위하게 인식되었다. 이것은 종종 그리스어의 '오이코스'(Oikos)와 관련되어 있는 영어의 생태, 즉 '에콜로지'(Ecology)와 경제, 즉 '이코노미'(Economy) 그리고 에큐메니컬 동료의식 등을 포함한다.[34] 그런데 1990년 서울에서의 열린 '정의와 평화, 창조질서의 보존' JPIC에 대한 세계 교회 협의회부터는 이 테마 중에서 어느 하나를 다른 것보다 우선시하는 경향이 생겼다. 서방은 지속성을, 동방은 갈등 속에 생명을 더하는 것을, 남방은 경제적 불공정과 기후 정의를 포함하는 경제 정의 문제를 강조한 것이다. 이런 경향은 더욱 진전되면서 더 심층적인 긴장들을 나타냈다. 이른바 교회론과 윤리 사이, 신앙과 질서의 사이, 교회와 사회 사이의 긴장 문제였다. 일부는 '교회란 무엇인가?'를, 일부는 '교회란 무엇을 하는가?'에 대해 강조했는데 이 교회론과 윤리 문제는 여전히 미해결의 과제로 남아 있다.

네 번째는 생태 여성 신학의 담론이다. 생태 여성주의의 대부분에는 근대 산업사회를 저변으로 하는 젠더, 인종과 계급의 이름으로 차이를 정당화하고 지배하는 논리에 대한 비판이 있다. 그런데 이것은 창조주와 피조물, 하나님에게 적용된 남성적 용어, 가부장적 권위와 교회 리더십에서의 지배 문제에 특별한 도전을 제기한다. 이 논쟁은 다양한 이념에 관계된 기존의 삼위일체 신조 위에서 쉽게 해결되지 않는다는 문제가 있다.

다섯 번째는 토착 영성 관련 담론이다. 이 영역에서는 지속성과 정의, 평화에 관한 문제들이 인종, 문화의 차이라는 명분과 종종 갈등한다. 즉 호주 원주민, 아프리카인, 라틴 아메리카인, 미국 원주민과 북방인종들 관계에서 기독교인들에 의한 토착 지혜의 광범위한 회복이 있었는데 그렇게 토착 영성이 표현되는 곳에서는 주류 기독교와의 뜨거운 긴장이 나타났다. 이 때문에 니케아 공회 이후 정립된 기독교의 삼위일체 신조와 전(前) 기독교(Pre-Christianity)의 하나님에 대한 이해와의 관계에 대해 심층적인 토론이 요구되고 있다.

여섯 번째는 동물 신학 담론이다. 기독교인들은 전통적으로 인간이 하나님의 형상을 따라 지음 받았다는 믿음에 기초하여 모든 인간 존재의 고유한 가치뿐만 아니라 동등한 존엄성을 긍정하였으며 이것은 근대에 크게 지지받은 가치관이다. 그런데 최근에는 동물 신학에서 다른 동물들의 고유한 가치 그리고 모든 생물의 고유한 가치가 긍정되었다. 에큐메니칼 담론에서 그런 가치는 "창조의 무결성"이라는 용어로 표현되었다. 그렇지만 생명 중심적 동등성 인식을 지지하는 사람들은 드물다. 따라서 다양한 형태로 나타난 생명의 가치는 여전히 차등적이다. 즉 우리는 어린이들과 병아리들을 같은 가치로 보지 않는다. 그런데 콘라디에 따르면, 그렇게 차등화가 수용되는 곳에서는 인간들 사이에도 왜 그런 차등적 가치가 적용되지 않는지 묻게 된다. 이와 같은 환경 윤리에 대한 생명 중심적 접근과 생태적 접근에 대한 논쟁은 기독교에만 독특한 것이 아니지만 특별한 인식 능력을 요구한다. 이는 성육신 문제와 같은 그리스도 중심의 방법, "생명 부여자"로서의 영을 강조하는 성령 중심 또는 하나님 중심적 접근 방법이 대조적으로 존재하기 때문이다. 동물 신학에서의 이런 논쟁은 영국과 북미가 주도하고 있다.

일곱 번째는 선교와 지구 보호 담론이다. 이것은 19세기에 전개된 광범위한 문화권 간 선교 활동을 바탕으로 한다. 물론 그런 선교에는 식민지 정복과 불경한 동맹 관계가 있었다는 점이 지적된다. 이것은 경제적 불공정뿐만 아니라 기독교와 문화에 관한 논쟁을 촉발하는 부분이다. 이와 함께 토착문화의 파괴에 대한 비판뿐만 아니라 식민지 착취로부터 이익을 얻은 나라들의 소비 지상주의 문화에 대한 비판이 등장한다. 결국 이런 비판들은 기독교의 선교에 수반되는 것에 대한 일련의 고찰을 자극하였다. 일부는 선교의 지구 보존 차원을 인정한다. 그래서 "선교의 심장"에 창조문제를 놓는다. 그리고 이것은 지역 기독교 공동체를 위한 사제적 책임감이라는 것을 제기하였다. 물론 그런 책임감은 대량의 탄소 족적을 남긴 세력에게 요청되었다. 그런데 아이러니하게도 환경적 불공정에 의한 피해자들은 19세기 선교사들이 온 나라에서 자기들의 피난처를 찾는다.

여덟 번째, 기독교와 다신앙 대화 담론이다. 전 지구적 환경에 대한 관심을 말하는 것은 특정 집단에 의해서만 이루어질 수 없으므로 전 세계 20억 기독교인들은 다른 종교집단 그리고 시민사회의 다른 조직, 과학과 교육, 기업과 산업 및 다양한 수준의 정치와 협력해야 한다. 이에 남아프리카에서는 남아프리카 신앙 공동체의 환경 연구소로 그것이 구현되었다. '지구헌장'(Earth Charter)도 이를 잘 반영한다. 그런데 현재 그리스도인들은 그런 협력을 어떻게 해석해야 할지를 놓고 분열되어 있다. 일부는 지구보존을 삼위일체 하나님에 대한 기독교의 증거 형태로 여기며 하나님의 통치를 확립하기 위해 지구 끝까지 복음을 확대하는 것을 목표로 한다. 반면, 일부는 기독교를 다른 종교처럼 하나의 종교로서 지구 생명계의 진화적 역사에서 등장한 삶의 한 형태로 생각한다. 이것은 기독교가 다른 종교 전통과 어떻게 관련을 맺어야 할지에 관해 물음을 던진다.

이상에서 살펴본 바와 같이 기독교의 생태주의적 혹은 생태 신학적 개혁은 복잡·다양하여 정리하기 어렵다. 그런데도 많은 학자들이 생태 신학의 유형을 만들어 내려고 노력한다. 하지만 콘라디는 그 어떤 노력도 결국은 지리적 언어적 경계에 의해 영향을 받는다는 점을 지적한다. 물론 그렇다고 해서 콘라디가 그런 노력을 무의미하다고 보는 것은 아니다. 그는 2011년 샌프란시스코에서의 한 콜로퀴움을 계기로 미지의 세계를 지나는 여행이라는 은유적인 개념으로 이 노력을 묘사할 수 있다고 주장한다. 그는 이것이 시간과 공간 모두를 아우를 수 있는 방법이라고 하는데 이해하기 쉽지 않은 개념이다. 다만 콘라디의 이런 방법은 그가 본질주의적인 방법과 목적론적인 방법으로 기독교의 생태주의적 개혁을 정의하려 하지 않는다는 것으로 이해할 수는 있다.

V. 나가는 말

이상에서 기독교와 환경의 관계 문제를 기성 담론의 성격과 한계, 부서지는 기성 담론의 틀, 그리고 새로운 틀 만들기 순으로 살펴보았다. 당장은 COVID-19에 의한 위기 현상이 있지만 보다 장기적인 문제로는 지구 온난화 현상의 위기가 기독교로 하여금 환경 문제에 대해 또는 생태 신학에 대해 관심을 두도록 요구한다.

간단한 검토 결과에서 알 수 있듯이 '생태 위기에 기독교도 책임이 있다'라는 주장과 '생태 위기의 책임은 기독교에만 있다'라는 주장은 구분되어야 한다. 생태 위기의 책임은 인류 문명사의 관점에서 해석되어야 한다. 물론 근대 기독교가 위기를 부채질한 면이 없지는 않다. 왜냐하면 기독교가 현대의 생태 위기를 만드는 데 크게 기여한 서구사회를 중심으로 발전했기 때문이다. 하지만 생태 위기 앞에서 자본주의만 극복하면 해결될 것처럼 여기는 태도는 유효하지 않다. 현대사회에서 기성 담론에서 상정한 성격의 자본주의나 계급 관계는 더 이상 절대적인 것이 아니다. 그보다는 소비주의에 오염되지 않는 민주적 시민에 의한 정치 경제 영역에 대한 감시나 통제 문제에 관심을 기울이는 것이 바람직할 것이다. 또한 당면한 지구적 환경위기 앞에서 기독교가 담당해야 할 몫이 있는 만큼 그 도전을 계기로 기독교의 담론적 한계를 인지하고 반성하며 개혁을 시도하는 것도 필요하다.

물론 콘라디의 설명처럼 기독교의 생태주의적 개혁은 너무 복잡하고 다양하여 간단하게 정리할 수 없다. 하지만 그가 말한 제한된 미지의 시간과 공간을 헤쳐 가는 여행의 은유와 같이 그리스도인들의 개별적인 현실 참여를 통한 변화는 반드시 필요하다. 이는 콘라디도 언급한 바와 같이 지구 온난화가 생태위기의 중요한 현상으로 대두되고 있기 때문이다. 그런데 위기에 대처하기 위해서는 그에 맞는 절차와 방법이 필요하다. 즉 현재의 생태 위기는 특단의 조치들을 요구한다. 이런 점에서 볼 때 콘라디의 대응 자세는 위기상황에 걸맞지 않는 느린 대응으로 보인다. 이에 본 저자는 COVID-19의 위기에 대응하는 것처럼 그리스도인은 다른 사람들과 더불어 공동의 위기관리 매뉴얼을 만들고 필요한 감시, 통제의 조건도 만들어 입법화 하는 데 참여해야 하며 아울러 적절한 생활 방식을 널리 공유하기 위해 노력해야 한다고 생각한다.

미주

1) 마이크 데이비스/정병선 옮김, 『조류독감』(파주: 돌베개, 2008), 제7장, 10-12장을 참조하라.

2) Ernst M. Conradie, "Christianity," in *Routledge Handbook of Religion and Ecology*, ed. Willis J. Jenkins & Mary Evelyn Tucker & John Grim (New York: Routledge, 2018): 70-78.

3) 이안 앵거스/김현우 옮김, 『기후 정의』(서울: 이매진, 2012), 제1부, 제7부를 참조하라.

4) 레오나르도 보프/김항섭 옮김, 『생태 신학』(서울: 가톨릭출판사, 2013), 제1부를 참조하라.

5) 조지 헨드리/강성두 옮김, 『자연신학』(서울: 대한기독교서회, 1993), 99-100.

6) 헨드리, 『자연신학』, 16-17.

7) 헨드리, 『자연신학』, 18.

8) 헨드리, 『자연신학』, 19-20.

9) 헨드리, 『자연신학』, 21.

10) 헨드리, 『자연신학』, 217-218.

11) Eric L. Mascall, *Christian Theology and National Science* (New York: Ronald Press, 1956), 132.

12) 헨드리, 『자연신학』, 134-135.

13) 헨드리, 『자연신학』, 249.

14) 헨드리, 『자연신학』, 25.

15) 헨드리, 『자연신학』, 26-27.

16) 헨드리, 『자연신학』, 249-250.

17) 헨드리, 『자연신학』, 261.

18) 헨드리, 『자연신학』, 271-278.

19) 로버트 그린 편/이동하 역, 『프로테스탄티즘과 자본주의: 베버 명제와 그 비판』(서울: 종로서적, 1981), 209-222.

20) Conradie, "Christianity": 70.

21) 다니엘 벨/박형신, 김원동 옮김, 『탈산업사회의 도래』(서울: 아카넷, 2006), 112. 벨이 '탈산업적'이라는 말을 쓰는 것은 두 가지 이유가 있다고 한다. 첫째는 변화들의 간극적 성격과 전이적 성격을 강조하기 위해서라고 한다. 둘째는 주요한 기축원리, 즉 지적기술이라는 기축원리를 강조하기 위한 것이라고 한다. 하지만 이미 말했듯이 그런 강조가 기술이 다른 모든 사회적 변화의 1차적 결정요인이라는 것을 의미하지는 않는다고 한다.

22) 벨, 『탈산업사회의 도래』, 9-13.

23) 벨, 『탈산업사회의 도래』, 44.

24) 벨, 『탈산업사회의 도래』, 61-63.

25) 벨, 『탈산업사회의 도래』, 64, 71.

26) 벨, 『탈산업사회의 도래』, 72.

27) 벨, 『탈산업사회의 도래』, 81-87.

28) 벨, 『탈산업사회의 도래』, 90-92.

29) 벨, 『탈산업사회의 도래』, 92-98.

30) 벨, 『탈산업사회의 도래』, 109.

31) 정유진, "'통제 안 받는 자본주의, 새로운 독재일 뿐' 교황 '사제로서의 훈계' 공개," 경향신문 2013년 11월 27일 자 기사. http://news.khan.co.kr/kh_news/khan_art_view. html?artid=201311272102301#csidx46383ede04aa2479b879c09e2f9f699. 2021년 3월 31일 검색. http://www.hani.co.kr/arti/science/science_general/969187.html. 2021년 3월 24일 검색.

32) 보프, 『생태 신학』 제2부 제1장을 참조하라.

33) Conradie, "Christianity": 71-72.

34) 그리스어의 '오이코스'(Oikos)는 '친족' 혹은 '하나님의 온 집안'을 의미하며 영어의 생태, 즉 '에콜로지'(ecology)는 '집안 기반 생각'를, 경제, 즉 이코노미(economy)는 '집안 관리 규칙'을 의미한다.

제2부

/

생태 위기와 관련된 현실 인식과 실천

제1장

강아지 키우는 엄마 설교자의 생태 실천신학 이야기
옆으로의 신학, 생태적 목회, 생태적 설교를 지향하며

강호숙*

I. 들어가는 말

본 저자는 강아지를 키우는 두 딸의 엄마로서 신학 연구와 설교를
병행하며 분주하게 살아가는 여성 신학자다. 교회사역을 하거나 신
학 연구와 설교를 할 때, 남성 목회자나 남성 신학자들이 누리는 여
유가 부러웠다. 왜냐하면 남성 목회자의 시간표와 '성(聖)과 속(俗)'
의 이분법에 따라 움직이는 남성 중심의 교회 문화에서는 여성 신학
자가 가사 일을 병행하면서 사역과 연구, 설교를 해야 하는 불리함
과 고단함에 대한 이해나 배려가 전혀 없었기 때문이다. 때로는 가
사 일과 돌봄, 그리고 여성 설교자의 역할을 모두 감당하면서 인정
받아야 하는 남성 중심의 목회구조와 교회 문화가 야속하게 느껴지
기도 했다. 교회는 남성들의 독무대로 장착되어 있기에 여성 설교자
의 시간과 사역 환경의 출발선은 매우 불리하다고 생각하였다. 하지

* 총신대학교 철학박사, 교회여성리더십 전공

만 COVID-19라는 팬데믹 상황을 통해 생태 위기의 문제가 곧 인간의 위기요, 일상의 문제임을 절감하게 되었고 생태 신학의 중요성을 인지하게 되었다. 그 후 '성과 속'을 구분하는 기존의 남성 중심목회로는 유기적인 삶의 자리와 인격적인 돌봄, 유기체로서 교회, 그리고 모든 생명을 주관하시는 하나님의 신비를 드러내는 생태적 목회와 생태적 설교는 어렵겠다는 인식의 전환이 일어났다.

지금 세계는 지구 온난화, 해수면 상승, 기록적인 태풍, 가뭄, 폭설, 지진과 해일, 식량 생산 차질, 기근, 난민, 도시 폭등, 산불과 전쟁 등 사회 부정의 문제와 생태 위기 앞에서, 인간과 자연, 기후와 환경 등 모든 것들의 공존을 모색하는 생태학의 관심이 그 어느 때보다 뜨거워지고 있기 때문이다. 레오나르도 보프(Leonardo Boff)는 기존의 이원론적이며 남성 중심적이고 소비주의적인 현대문화의 모순을 해결하기 위해서 신비에 기초한 영성, 창조신학의 복원, 여성주의적인 성령론의 재발견, 그리스도교적 만유 재신론이라는 신학적 패러다임의 전환을 제시하였다.[1] 생태 여성 신학을 개척하여 발전시킨 로즈마리 류터(Rosemary Ruether)는 『가이아와 하느님』에서, 지구 치유를 위해서는 기존의 가부장적 지배체제를 벗어나 새로운 의식, 새로운 상징적 문화와 영성이 필요함을 주장하였다.[2] 김은혜에 의하면, 생태 여성주의 신학은 기독교 신학 전통에 내재하는 가부장주의와 이원론적 사고를 종식하여 끝없는 착취로부터 자연과 여성을 해방하며 인간의 화해와 치유를 목표로 한다.[3] 세 학자의 공통점은 하나님과 인간, 인간과 자연, 여성과 남성의 관계를 위계적이며 억압적으로 해석해 온 가부장적 신학을 생태적 위기의 원인으로 꼽았으며 그 대안으로서 여성과 자연을 새로운 주체로 인식하는 생태 여성주의 신학과 영성의 필요성을 언급하고 있다는 점이다.

문제는 복음주의 내 실천신학은 '남성에 의한', '남성을 위한' 전근대적이며 가부장적인 실천신학 이론들로 유지되고 있어 여성의 주체적 경험과 생태적 관점을 전혀 반영하지 못하며 시대에 뒤떨어지고 있다는 데에 있다. 필자는 보수 교단 내 여성 실천신학자로서 생태 신학과 실천신학이 어떻게 만날 수 있을까를 고민하는 중에, 유기체와 전체론을 지향하는 생태 신학과 실천신학의 학문적 태도에서 인간 주체의 경험과 실천 요소가 공통으로 요구된다는 점을 발견하게 되었다. 생태 신학에서 각 존재란 우주의 거대한 사슬의 한 고리를 이루어 남아돌거나 소외되는 존재 없이 모든 것이 하나님으로부터 나와서 하나님께로 돌아가는 것을 의미한다.[4] 실천신학 역시 모든 신학 이론의 성찰과 실천의 유기적인 차원을 다루는 학문적 창으로서 인간 모두의 경험이 학문성으로 수용되어 독자적 위치를 정당하게 부여받았기 때문이다.[5] 본 저자는 자연을 통치 수단으로 보거나 여성을 차별하는 남성 중심의 실천신학으로는 공존과 연합, 치유와 평화라는 통전 인식을 추구하는 생태 실천신학이 불가능하다고 진단한다. 류터 역시 과거 전통 안에는 이미 완성된 생태학적 영성과 윤리가 없다고 가정하였다.[6] 그녀는 가부장적인 사회에서는 생태학적 위기에 대한 해답도, 여성을 위한 해방도 가능하지 않다고 주장하며 생태학 운동의 요구들과 여성운동의 요구들이 연합되어야 한다고 역설하였다.[7] 그러므로 본 글은 강아지 키우는 엄마 설교자로서의 생태 감수성과 교회의 유기체에 대한 실제 경험을 바탕으로 남성 중심의 실천신학 이론을 비판함으로써 회복과 공존을 위한 생태 실천신학을 모색해보려 한다. 아울러 생태 신학적 관점과 실천신학의 만남을 위한 세 가지 지향으로서 '옆으로 관계의 신학적 관점', '경험 주체의 신학적 관점', '생태 여성주의 영성의 관점'을 제시하고 강아지 키우는 엄마 설교자로서 생태적 목회와 생태적 설교에 적용한 후에, 생태 실천신학의 과제를 제안해보려 한다.

II. 강아지를 키우는 엄마 설교자의 생태 감수성과 교회 유기체 이야기

본 저자는 몸으로 직접 생명을 잉태하고 밤낮없이 생명을 돌보며 수고해온 두 딸의 엄마로서, 의식주(衣食住)를 위한 가사노동과 쓰레기 분리 작업, 그리고 신학 연구와 글쓰기를 병행하며 분주하게 살아가는 여성 설교자로서, 포괄적 경험이 10년간 강아지를 키우며 겪었던 경험과 결합하여 유기적 통찰과 생태적인 지혜를 줄 수 있다고 생각한다.

1. 생태 감수성

전통 신학은 인간의 이성과 통치권을 강조하여 하나님이 만드신 창조 세계인 자연을 정복하고 발달시키는 데에만 몰입하느라 자연을 살피고 돌보고 더불어 살면서 창조주의 숨결과 사랑을 알아가는 옆으로의 신학엔 관심이 없었다. 하지만 보프는 생태학이 다른 어떤 학문보다도 하나님과 우주가 서로가 서로에게 접근하는 신학적인 창조의 개념을 잘 이해하도록 돕는다고 주장하였다. 또한 창조의 관점에서 계급적인 질서도 없고 배타적인 하나님 대표도 없는 이유는 모든 존재가 직접 하나님의 사랑으로부터 나오기 때문이라고 강조한다.8) 앤드류 린지(Andrew Linzey)는 『동물 신학의 탐구』라는 책에서 동물의 권리와 복지, 그리고 해방을 다루고 있는데, 특히 기독인들에게 자아의 감옥으로부터 나와 인간보다 약한 동물에 대한 돌봄과 배려하는 '섬김'의 사명을 실천할 것을 제시하였다.9) 구자용은 동물 생존권에 대해 다음과 같이 말한다.

> 동물에 대한 우리 사회의 인식을 바로잡는 일은 먼저 종교적인 맹신에서 비롯되는 동물과 자연에 대한 남용과 위험성을 해결할 길을 여는 것이며, 미래에 대한 무분별한 개발과 인간의 유익과 경제성만을 위해 동물을 학대하는 오늘날의 산업 경영에 대한 반성을 촉구하는 길이며, 동물의 생존권을 고려하는 새로운 친환경적인 대안을 찾도록 노력하는 길을 마련하는 것이다.10)

본 저자도 강아지와 살기 전에는 인간을 사랑하기도 벅차다고 생각할 정도로 인간 중심의 세계관을 갖고 있었고 강아지를 키우려면 시간과 돈, 돌봄의 수고가 따라야 하기에 엄두가 나지 않았다. 또한 강아지와 살기 전에는 인간의 통치권을 강조한 전통 신학에 머물러 있다 보니 자연에 순응하면서 자연과 함께 창조주의 숨결을 감지하는 따뜻한 신학에 관심이 없었다. 하지만 딸들의 요청으로 강아지와 함께 살게 되면서 동물들과의 공존과 삶이 얼마나 중요한지를 깨닫게 되었다. 강아지와 함께 살아가면서 초월적인 하나님에 대한 위압감보다는 하나님의 창조 안에 담긴 따뜻한 사랑과 친밀함을 느낄 수 있었고 강아지를 돌보면서 모든 살아 있는 것들의 소중함, 생명의 신비와 생태적 감수성에 대해 더욱 잘 깨달을 수 있었다.

2. 유기체 교회: 남녀 간, 세대 간, 강자와 약자 간의 공존과 평화, 그리고 연대와 돌봄

본 저자는 유기체로서 교회를 생각할 때, 우선 여성과 남성의 관계에서 상호 동등한 존재로서 인식하는 게 중요하다고 본다. 왜냐하면 남녀는 인간 됨을 이루는 요소로서 둘이 하나인 가운데서만 사람은 하나님의 형상 전체이며 그런 상태로만 사람은 피조 세계 안에 있는 하나님의 청지기로서 그 책임을 참으로 바르게 다할 수 있기 때문이다.11) 그런데 한국 교회는 대체로 설교와 목회를 남성이 취해야 하고, 섬김과 봉사는 여성이 해야 한다는 남녀 위계적인 직분 구조에 사로잡혀 있다. 프랭크 비올라(Frank Viola)는 이러한 남녀 위계질서는 그리스도의 몸의 연합, 만인 제사장, 인간이 만든 모든 장벽의 타파, 사도의 권능과 은사들과 관련된 유기적인 질서라고 볼 수 없다고 꼬집었다.12)

17세기 교육가요, 실천신학자인 요한 코메니우스(John A. Comenius)는 유기체와 관련하여, 전체도구들에 관한 이론을 범유기체론이라 불렀고 이를 범지혜와 연결하였다.13) 그는 강이 여러 방향으로 갈라져 흐르는 것처럼 인간 속에서, 그리고 인간을 통하여 하나님의 지혜가 여러 가지 방법으로 퍼진다고 하면서, 하나님으로부터 부여된 성령의 은사들을 공통으로 활용할 수 있는 범조화의 과제를 언급하였다.14) 그에 따르면, 유기체의 의미는 하나님과 관련된 모든 사물과 인간의 지혜가 조화롭게 연합하는 공동체라는 뜻이 되겠다.

고린도전서 제12장에서도 '교회의 유기체'가 잘 드러난다. 바울은 각 사람이 그리스도의 몸이요 지체로서, 성령의 뜻대로 각자의 은사에 따라서 연합해야 할 존재로서 표현한다. 각각은 전체를 위한 부분으로 위아래 없이, 함께 고통 받으며 함께 즐거워하며 친교를 나누는 지체들이며,[15] 서로 마음을 같이하여 돌보는 유기적 공동체이다.[16] 고린도전서 제12장에 나오는 유기체 특징 가운데 가장 전복적인 모습은, 머리 부분이라고 해서 우월한 게 아니라 몸의 약한 지체를 도리어 요긴하게 보며 더욱 존귀하게 여기는 방식이다.[17] 이는 마치 "아픈 곳이 곧 몸의 중심"이라는 몸의 유기체를 연상시킨다. 이처럼 유기체 교회에서는 종속과 차별, 배제와 혐오보다는 공존과 평화, 연대와 돌봄의 공간으로 충만하다.

이러한 측면에서 보프가 유기적 상호 의존성과 더불어 미래세대와의 연대를 언급한 것에 주목할 필요가 있다.[18] 이는 교회학교 사역을 하면서 느낀 문제의식과 해결책과도 관련이 있다. 본 저자는 신학대학원을 다닐 때나 졸업 후에도 어린 딸들을 달래가며 밥을 차리고 가사 일과 며느리 역할 그리고 설교 준비와 초등학교 앞 전도 및 교회학교 사역을 하였다. 또한 금요 철야 예배에 참석하기 전, 교회에 일찍 나와서 교회 근처에 사는 학생들을 심방 하곤 했다. 그 당시 초등부 학생들의 부모들은 새벽에 일찍 나가 장사하는 이들이 많아서 아이들이 밤늦게까지 방치되기 일쑤였다. 하지만 부모들은 주일이 되어도 여전히 교회 일을 하느라 자녀를 방임하였다. 설상가상, 교회조차도 장년부에 모든 예산을 쏟으며, 신대원에 재학 중인 전문성 없는 사역자들에게 떠맡김으로써 교회학교 학생의 눈높이에 맞는 돌봄과 신앙교육을 하지 못하였다.

오늘날 교회학교의 침체는 다양한 이유가 복합적으로 맞물려 있다. 예를 들어, 정보화 시대와 다원화 시대라는 사회적 요인을 들 수 있다. 하지만 보다 본질적인 원인은 바로 장년 중심의 교회 성장주의와 남성 위주의 사역자 배치이다. 신학대학원에 재직 중인 남자 사역자 대부분은 강도사 시험을 치른 후에 목사가 되면서 교회학교를 '디딤돌 부서'로 생각하는 경향이 강하다. 그러다 보니 교역자의 잦은 교체로 인해 미래 세대에게 신앙적 모델로서 윤리적, 인격적인 영향을 미치기 어렵다. 교회조차도 부모들이 자녀의 신앙을 돌보는 데에 관심이 없는 상태에서 부모들을 예배와 전도, 교육 등의 프로그램에 동원함으로써 주일에 교회에 오랫동안 머물도록 의무화한다. 하지만 교회는 주일에도 부모들이 가정 안에서부터 미래 세대인 자녀들의 신앙생활에 관심을 기울일 수 있도록 노력해야 한다. 그러기 위해서 교회는 어려서부터 경쟁에 시달려 공부하느라 여념이 없는 어린이와 청소년들을 위해 부모가 자녀 신앙의 일차적인 양육자이자 신앙적 영향력을 미칠 수 있는 존재임을 인식하여 부모가 주일에 자녀들과 시간을 함께 보낼 수 있도록 배려해주어야 한다.

필자 역시 교회사역에 몰두하느라 엄마로서 어린 두 딸을 세밀히 챙겨주거나 함께 해주지 못했다. 주일 성수와 힘든 교회사역에 매이다 보니 정작 아이들과 함께 시간을 보내면서 신앙과 삶에 대해 허심탄회하게 대화하지 못해 아쉬웠다. 그런데도 돌봄이라는 관점에서 볼 때, 아기를 출산하며 양육해본 경험이 있는 여성 설교자가 남성 설교자보다 훨씬 유기적이고 인격적인 장점을 갖고 있다고 생각한다. 왜냐하면 여성이 몸으로 직접 생명을 잉태하고 양육하면서 얻게 되는 생명의 신비에 대한 경험적 통찰과 생태적 감수성은 남성보다 훨씬 더 탁월할 수 있기 때문이다. 그러므로 가정사역과 교회학교를 연계할 수 있는 전문 여성 사역자를 활용하여 미래 세대와의 연대와 신앙교육에 힘쓸 수 있어야 한다. 이제 교회는 생태적인 유기체를 위해, 그리고 교회의 미래와 지구생태계를 위해 남녀 간, 세대 간, 강자와 약자 간의 공존과 평화, 그리고 돌봄과 교육이 이뤄지도록 해야 한다.

Ⅲ. 생태 신학과 실천신학의 만남: 생태 실천신학의 세 가지 지향

그렇다면 생태 신학과 실천신학은 어떻게 만날 수 있을까? 앞에서 언급한 보프와 류터의 제안대로 새로운 인식의 전환이 필요하며 이를 위해 생태 실천신학의 세 가지 지향이 요구된다.

첫 번째는 '옆으로 관계의 신학 지향이다. 그 근거는 보프의 다음의 주장에서 찾을 수 있다: "생태학은 존재하는 것들과의 관계에 관한 학문이고 예술이다. […] 생태학은 모든 것을 옆으로 연관 짓는 기본 태도를 요구하게 된다."[19] 그에 따르면, "생태 신학은 모든 존재의 자율성과 상대성, 공존과 상호 의존성을 긍정하는 '옆으로의 신학'이다. 이러한 신학에서는 모든 계급을 기능적인 것으로 만들고, 강자의 권리를 거부하게 된다."[20] 그런데 실천신학에서 고유한 위치를 차지하는 목회학을 보면, 대부분이 목사를 위한 실천적인 기능이론 즉, 교육과 설교, 예배와 지도자 이론에 집중되어 있다.[21] 이러한 남성 중심의 위아래 관점은 하나님과 인간의 관계, 인간과 자연의 관계, 남성과 여성의 관계를 위계적으로 인식하는 교회법과 직분 제도, 교회 정치와 설교문화를 정착시켰다. 따라서 하나님의 사랑과 생명의 은혜로부터 나오는 자유와 정의, 공존과 평화가 이뤄지기 위해선, 여성과 남성의 관계부터 '옆으로의 신학' 지향으로 재정립해야 할 필요가 있다. 왜냐하면 인간 됨을 이루는 여성과 남성은 옆으로 관계를 맺어야 할 동료이자 파트너이기 때문이다. 옆으로의 신학은 자연과 타자, 특히 여성을 불러내어 '함께 가는' 관점이요, 강자가 약자를 섬기는 '전복적' 관점이다. 또한 인간과 자연 세계의 존재 의미와 목적, 그리고 하나님의 신비와 성령의 역동성을 경험하도록 돕는 신학적 인식의 창이라 할 수 있다. 옆으로의 신학이 회복될 때, 눌리고 차별받아 온 하나님의 모든 피조물로부터 사랑과 기쁨, 자유와 감사의 찬양이 터져 나오게 된다.

　두 번째는 경험 주체의 신학 지향이다. 신학이란 신을 만난 인간 주체의 경험 학문이며, 인간은 소외될 수 없는 권리의 주체다.[22] 인간의 삶은 생태적 환경 속에서 하나님, 인간, 자연이라는 수많은 관계의 양태 속에 시간과 재능, 그리고 에너지로 얽히고설킨 경험의 각축장이다. 실천신학에서 말하는 목회 사역은 신앙의 돌봄과 양육이라는 '목회적 돌봄'의 의미를 넘어, 교회 회중 전체와의 관계까지 아우르는 넓은 개념을 갖고 있다.[23] 하지만 지금까지 교회의 설교이론이나 목회이론은 남성 목사의 신앙 경험으로 국한되었으며, 여성과 동등한 관계는 깨어져 버렸다. 그렇기에 여성의 신앙 체험을 배제하는 목회론과 설교론은 마치 한쪽 날개를 잃어버린 것처럼 편파적이며 위험할 수밖에 없다. 심리학과 기독교를 통합시키려 공헌한 폴 투르니에(Paul Tournier)는 근대 산업혁명 이후, 남성들은 기계 문명에 따라 분업화와 위계적 구조에 길들여 왔던 반면, 여성들은 대체로 일상의 삶에서 직관과 돌봄의 인격적이고 통합적인 가치를 유지했다고 평하였다.[24] 그에 따르면, 인간은 고립된 인간이 아니라, 관계 속의 인간 즉, 동료와 자연, 하나님과의 인격적인 관계 속에 있는 '통일된' 인간이기에, 인격적인 가치를 지닌 여성이 오히려 남성과 함께 공적인 생활과 문화 영역으로 뚫고 들어가서 여성의 권위가 존중받도록 노력하는 것이 매우 중요하다는 것이다.[25] 필자의 경험으로 볼 때, 교회 과반수를 차지하는 여성의 신앙과 돌봄의 경험, 그리고 생태적 일상은 하나님의 돌보심에 참여하는 실천이다. 따라서 여성을 경험 주체로서 세우는 관점은 필수적이라 하겠다.

세 번째는 생태 여성주의 영성의 지향이다. 과거에 영성의 접근방식은 현실적인 삶을 도외시하고 내적인 생활, 영혼의 생활, 신비 추구 등 세상과 분리되는 소극적인 것으로 이해했다. 그러나 이런 접근법은 일상적인 삶, 경제적인 책임의 중요성, 사회적 책임, 국가와 시민 생활이 요구하는 책임, 성과 활동 사이의 올바른 통합 등을 간과하였다.[26] 지금도 기독교 영성의 관점은 세상과 동떨어진 곳에서의 신비 체험과 은사를 강조하는 경향이 많다. 특히 남성 목회자들은 사도행전 제6장 4절과 같이 기도하는 것과 말씀 전하는 일을 전문적으로 한다는 자리매김 속에서 여성과의 관계와 일상의 경험을 적절히 원용하지 못함으로써 사회와의 가교역할과 사회적 책임을 감당하는 데 실패하였다.

그런데 보프는 영성과 신비적 태도는 총체성과 신성이라는 측면에서 삶 자체에 속하며 거기서 저항의 역동성과 해방 의지가 태어난다는 실천적 영성을 언급하였다. 그는 성(性)은 인간 이성으로도 해독할 수 없는 인간 생명의 기본 에너지이기에, 성과 영성은 인간을 관통하는 똑같은 에너지로서 근본 에너지의 두 얼굴이며, 통합의 도전이라고 하였다.[27] 사회 정의에 기반을 둔 영성의 다양한 현대적 표현에서 가장 중요한 부분인 인간 존엄의 문제는 사회 속에 있는 여성의 문제와 삶의 모든 영역에서 여성의 평등을 위한 투쟁에 관심을 기울이게 하였다.[28] 생태 여성 신학자인 류터는 생태 위기를 일으키는 다양한 지배 형태들 즉, 성, 계층, 인종 차별, 신식민주의 및 기업 세계화 등에 대한 저항의 영성을 언급하였다.[29] 전현식도 가부장적 근대 영성이 자연 착취와 인간, 특히 여성 억압에 기초해 있기에 새로운 대안적 영성은 자연과 인간, 남성과 여성 사이의 정의로운 상호관계에 기초한 생태 여성주의 영성이 필요하다고 주장하였다.[30] 따라서 교회는 그리스도인의 관계에서 본질이 되는 관계망을 어떻게 최대한 실천할 것인가에 대한 방법을 찾아야 한다. 아울러 불의와 불평등, 차별과 착취에 의한 사회 부정의와 생태 부정의 문제를 해결하기 위해서는 수평 관계적이며 공감과 보살핌을 중시하고 직관과 감수성을 지닌 생태 여성주의 영성에 관심을 가져야 한다.

Ⅳ. 생태 실천신학의 적용: 생태적 목회와 생태적 설교

1. 생태적 목회

독일어권에서 목회와 관련하여 사용하는 단어는 'Seelsorge', 즉 '영혼의 돌봄'이다. 이 용어는 학문으로서의 목회 신학을 의미하기도 하고 실제적인 목회 활동을 표현하는 데도 사용된다.[31] 목회 상담에서는 영혼의 돌봄을 영혼을 소유한 인간이 하나님과의 관계뿐 아니라 인간 상호 간 인격적인 교제를 파괴하는 장애물을 제거하도록 돕는 행위로서 이해한다.[32] 또한 창조주에 대한 인식과 인생을 향한 하나님의 목적을 잃어버린 인간의 영혼을 그리스도께로 돌이켜 마음의 변화를 경험하게 하고 나아가 세상에 그리스도의 빛을 비추도록 책임을 갖고 실천하는 자로 세우고자 하는 목적도 아울러 포함되어 있다.[33]

19세기 신학자 프리드리히 슐라이어마허(F. D. E. Schleiermacher)에 의해 실천신학이 신학의 학문 영역이 된 이래 지금까지, 목회학은 교회의 유지와 목사의 목회 기술론에 한정되어왔다.[34] 현재 목회학은 대부분 목회 리더십이나 목회 기술과 같은 교회 안에 국한된 이론에 천착하고 있어서 목회대상인 교인들에 대한 이해와 소통, 그리고 사회와의 가교역할을 위한 노력은 찾아보기 어려우며, '목회'라는 말이 무색할 정도로 교인에게 군림하는 경우가 비일비재하다. 하지만 현대는 포스트모더니즘의 영향으로 절대적이고 일원화된 것이 거부되고 다원성과 상대성의 강조로 인해 자율과 존중, 공감과 연대, 열림과 소통에 대한 요구가 점점 커지고 있다. 더욱이, COVID-19 사태로 인해 세계가 관심을 기울이고 있는 생명 존중과 유기체, 기후와 환경과 같은 생태적 실천에 대해 교회가 '강 건너 불구경'만 할 수 없는 임계점에 이르게 되었다.

백영기의 정의에 따르면, 생태 목회란 생명을 살리는 생명 목회요, 자연 친화적 목회요, 관계를 소중히 여기는 관계 목회이다.[35] 필자는 기존의 성장중심주의와 자본주의 체제를 기반으로 권력과 특권을 누려온 가부장적인 목회는 COVID-19와 같은 팬데믹 상황에서는 한계가 있기에 생태적 목회로 전환하지 않으면 안 된다고 본다. 생태적 목회란 한 마디로 옆으로의 신학적 관점에 의한 통전 목회라고 정의할 수 있다. 즉 목회자에게만 집중했던 목회이론에서 벗어나 목회대상인 모든 인간 특히, 여성에 대한 이해로 나아가 그들과 어떻게 소통하며 공존할 수 있을지를 고민하는 여성적 목회이다. 또한 보편적 인권과 남녀평등을 중요하게 여기는 시대의 흐름과 사회과학적 정보를 습득함으로써 시대의 눈높이를 맞추며 생태 감수성과 유기체를 염두에 둔 친환경적이고 통전 목회라고 정의할 수 있겠다. 이제 강아지와 함께 사는 여성 실천신학자로서의 경험을 바탕으로, 여성 주체의 경험을 살리는 생태 여성적 목회와 반려동물을 위한 목회를 제시하고자 한다.

1) 여성 주체의 경험을 살리는 생태 여성적 목회

목회란 하나님을 대신하여 교인들에게 진리의 기쁨과 위로와 소망을 주는 돌봄의 사역이다. 따라서 목회 리더십은 인격적인 하나님을 이해하고 깊이 경험한 목회자일수록 돌봄의 역할을 잘 수행할 수 있다. 보프에 따르면, "인간 각 사람은 살아 있는 신비다. 생명력은 모든 방향으로 의사소통하고 교제하며 상승하는 힘이다. 이 생명력은 인간의 한계를 극복하고 다른 존재에 잠길 수 있는 체험으로 이끌며, 우주적 총체 안에서 인간성을 확대하게 된다."[36] 하지만 작금의 남성 중심의 목회는 힘과 권위주의에 편승한 지배 이데올로기로 여성과 약자에 대한 하나님의 신비와 정의를 잃어버려, 차별과 폭력, 생명 경시 풍조가 만연해 있다. 쟈크 엘룰(Jacques Ellul)은 기독교가 가장 많이 왜곡된 이유를 여성의 관점과 경험을 배제한 남성 중심의 교회에서 찾았다. 기독교는 여성이 주로 관심을 가진 기독교의 탁월한 혁신, 은총, 사랑, 박애, 생명체에 대한 염려, 비폭력, 사소한 것에 대한 배려, 새로운 시작에의 소망과 같은 것을 남성의 성공과 영광을 위해 모두 외면해 버렸다는 것이다.[37] 류터도 가부장적 이원론

즉, 문화와 자연, 남성과 여성을 나눈 이원론은 여성을 평가 절하된 자연과 연합시켜 여성과 자연의 영역 모두를 무시하고 지배하는 것을 정당화했다고 꼬집었다. 특히, 여성의 가사노동을 자연의 영역으로 정의하고 평가 절하함으로써 일상적이며 힘든 가사 일을 여성의 일이라 규정하였고 이를 통해 성 역할 이분법을 강화했다는 것이다.[38] 전현식은 자연에 대한 인간의 청지기 돌봄과 양육이 인간 중심주의를 거부하며 저항의 영성은 남성중심주의도 거부한다고 주장하였다. 또한 성서가 자연에 대한 인간의 지배를 허용하지 않듯이 여성에 대한 남성 지배도 허용하지 않는다고 역설하였다.[39]

본 저자는 여성의 가사노동과 쓰레기 분리수거 작업과 재활용의 실천, 그리고 아기를 출산하고 밤낮없이 돌보고 시부모님까지 가족 구성원을 챙긴 경험을 통해서 인간과 자연 세계를 돌보시는 하나님의 사랑의 은혜와 생명의 신비, 생태적 감수성을 조금이나마 이해할 수 있었다. 도시인이 한 끼의 식사를 준비하려면, 장보기, 재료 다듬기, 요리하기, 상 차리기, 설거지하기, 쓰레기 분리하기 등의 과정이 수반된다. 이러한 수고는 일차적으로는 가족을 위한 것이지만 동시에 자연과 환경 문제와도 직결되는 유기적이며 총체적인 노동이다. 목회자가 교인들의 삶을 돌아본다고 할 때, 일상의 삶에서 반복되는 의식주를 위한 수고와 돌봄에 대한 이해와 경험이 있어야 생태적 목회를 할 수 있다. 그러기 위해선 우선, 여성 주체의 경험을 살리는 생태 여성적 목회에 관심을 가져야 한다. 한국 교회 교인의 과반수를 차지하는 여성은 교회의 중요한 인적 자원이자 목회의 대상이기에 여성의 신앙과 영성을 반영하고 활용하는 목회가 되어야 한다. 이는 여성의 '옆으로의 관점'에서 나오는 돌봄과 공감, 사랑과 생태적 통찰의 포괄적인 경험과 지혜는 교회의 유기체를 살리며 친사회적이며, 친환경적인 역할에 도움을 줄 수 있기 때문이다.

아울러 한국 교회는 젠더 문제와 젠더 정의에도 적극적인 관심을 가져야 한다. 왜냐하면 국제적인 개념으로 부상한 젠더는 지난 25년간 유전 공학 및 생식 공학의 발전, 신체와 젠더 역할에 대한 급속한 인식변화에 따라 사회적으로나 인격적으로 중요한 요소로 자리 잡았기 때문이다.[40] 한국여성정책연구원에 따르면, 2017년에서 2019년 사이에 20만 명 이상의 동의를 얻은 청와대 국민 청원의 40%가 젠더 이슈였으며 그중 여성 폭력 이슈가 63%로 가장 많았다고 한다.[41] 한국 사회는 여전히 몰래카메라와 음란 동영상 유포 논란, 성폭력과 미투 #MeToo 운동, 성차별과 성추행, 성 착취와 성매매, 데이트 폭력과 가정 폭력, 저출산과 임신 중단권, 이혼과 비혼 출산 등 해결해야 할 수많은 젠더 문제와 부정의의 문제를 안고 있다.

또한 현대사회의 정치와 법에서 젠더 정의의 개념이 부상하고 있다. 젠더 정의란 보편개념으로서 정의가 간과해 온 여성의 정의에 대한 요청으로 등장하게 된 젠더 간 정의 개념이다. 젠더 정의를 정교한 이론으로 제시한 학자로는 낸시 프레이저(Nancy Fraser)를 꼽는다. 페미니스트 학자인 그녀는 젠더와 관련한 불의의 특징을 '남성중심주의'와 '신자유주의'로 보면서, 재화의 분배, 인정, 동등 대표권이라는 삼차원적 젠더 정의 개념을 주장하였다.[42] 캐서린 로텐버그(Catherine Rettenburg)에 따르면, '일-가정 균형'과 '행복'을 중심으로 하는 미국의 여성리더십 담론은 젠더 정의를 보장하기보다는 신자유주의 체제를 오히려 강화했다.[43] 이정은은 마이클 샌델(Michael Sandel)이 『정의란 무엇인가』라는 책에서 언급한 '도덕적 가치'와 '종교적 가치',

그리고 '국가의 중립성'이나 '공공선'은 가부장적 도덕적 가치에 기초하고 있으며 여성주의 관점이 배제되어 있다고 비판한다. 예를 들어, 샌델은 여성 문제를 다루긴 하나 임신 중단권 이슈만 보아도 젠더 정의에 입각한 여성의 도덕적, 종교적 입장이 정리가 안 되면 해결할 수 없는 문제라고 여기기 때문이다.[44] 교회가 이러한 젠더 문제와 젠더 정의를 외면한다면, 인간의 고통의 현실에 찾아와 자유와 정의, 사랑과 평화의 구원을 베푸신 그리스도 복음을 실현하기는 어렵다. 교회는 남성 중심의 인식에서 벗어나 젠더 평등한 교회공동체가 되도록 여성들의 생태 경험적 통찰과 신학적 지혜를 활용하는 생태 여성적 목회로 선회해야 한다.

2) 반려동물과 함께하는 목회

통계청 발표에 의하면, 반려동물을 키우는 가구는 21.8%였으며,[45] 반려동물과 관련된 지출금액도 해마다 큰 폭으로 늘어나고 있다. 일인 가구의 증가와 반려동물 소유의 확산을 인과적 관계로 해석하는 데에는 많은 무리가 있으나 사람들이 반려동물을 기르는 동기는 외로움을 회피하려는 시도가 적지 않다고 한다.[46] 우선 본 글에서는 '애완동물'이라는 표현보다는 '반려동물'이라는 표현을 쓰고자 한다. 그 이유는 '애완동물'이라는 말은 인간이 일방적으로 동물을 소유하거나 동물을 '인형화'하는 인상을 주기 때문이다. '애완동물'에 비해 '반려동물'은 동물과 교감하며 상호관계를 강조하는 의미를 더 잘 드러낸다.[47] 반려동물의 소유와 심리적 건강 관계를 연구한 논문에 의하면, 반려동물 소유는 주관적 안녕, 사회적 지지, 부정적 정서, 그리고 외로움과 연관되어 있다. 하지만 소유주가 반려동물을 소유하는 것만 아니라 표정과 눈빛, 몸짓과 소리 등으로 상호 관계를 가질 때, 주관적 안녕과 심리적 건강에 긍정적인 효과를 미친다.[48] 전통 신학에서는 인간과 동물의 관계가 '동등한 관계'인지 아니면 '경쟁 관계'인지에 대한 논란은 여전히 상존한다.[49] 전도서 제3장 21절에는 "인생의 혼은 위로 올라가고 짐승의 혼은 아래 곧 땅으로 내려가는 줄을 누가 알랴"라는 말씀이 나오는데, 전통 신학은 인간과 동물의 영혼이 거하는 장소가 다르다는 문자적인 해석으로 인해, 동물의 생명권을 중요하게 생각하지 않는 경향이 지배적이다. 하지만 성서에 대한 생태학적 비판 중 많은 부분은 하나님이 인간에게 허락한 자연을 지배하라는 것이 아니라 궁극적으로 하나님의 것인 자연에 대한 청지기 직을 요구하는 것이다.[50] 성경에서는 사람과 마찬가지로 자연은 생육하고 번성하는 복을 누리는 피조물이며 생명의 하나님의 돌보심과 지키심을 받는 존재임을 알려준다. 공중의 새와 들의 백합화를 먹이시며 입히시는 하나님의 모습은 '생명의 주'로서 한없는 사랑과 돌보심을 드러내신다. 이사야 선지자가 꿈꿨던 하나님 나라도 이리와 어린 양이 함께 거하며, 암소와 곰이 함께 먹으며 그것들의 새끼가 함께 엎드리며 사자가 소처럼 풀을 먹으며, 젖 뗀 아이가 독사의 굴에 손을 넣어도 해됨도 상함도 없는 아름다운 동산으로서 묘사되고 있다.[51] 그곳은 하나님과 인간이, 인간과 동물이 함께 어울려 평화롭게 공존하는 생태 신학적 세계이다.

반려동물을 키우는 인구 천만 명 시대에 돌입하면서, '반려동물 축복 예배'나 반려동물 장례 예배를 원하는 경우가 많이 생겼다. 그러므로 동물의 생존권을 지켜주며 동물과 교감하며, 평화롭게 공존하기를 원하는 사람들의 필요를 채워주는 반려동물을 위한 목회에 관심을 가져야 하리라 본다. 본 저자는 10년간 반려견과 함께 지내면서, 텔레비전에 나오는 동물 프로그램을 챙겨보는 습관이 생겼고, 동물 영화를 선호하게 되었다. 아울러 강아지의 종류, 강아지에게 좋은 음식과 나쁜 음식, 강아지의 성향과 정보, 강아지 장난감 등과 관련한 많은 정보를 습득하게 되었다. 강아지가 몸을 털고 핥으며, 울부짖거나 꼬랑지를 흔드는 걸 보면서, 키우는 수고로움보다는 강아지와 함께하는 기쁨이 훨씬 크다는 걸 느낄 수 있었다. 동물을 창조하신 하나님의 따뜻한 섭리도 깨닫게 되었다. 가령, 동물의 털은 사시사철을 위한 '옷'이라든지, 먹이를 찾으며 자신을 보호하기 위해 청각과 후각이 발달한 것이라든지, 체내에서 비타민이 생성되는 것 등이다. 또한 강아지를 키우게 되면, 동물을 사랑하는 사람과의 새로운 관계가 형성되어 그들과 가까워지게 된다. 강아지와 고양이를 키우는 사람들과의 만남에서 정보 교환하고 교류의 기쁨을 얻기도 한다. 새물결플러스 김요한 대표는 자신의 경험을 이야기하면서, 1인 가정이 급속히 증가하고 반려견과 반려묘를 키우는 사람들이 급증하는 현실에서 맞닥뜨리게 되는 우울증 문제가 심각한 사회적 양상을 띨 것을 예상하는 것은 어렵지 않다고 피력하였다.[52] 본 저자 역시 얼마 전에 강아지를 잃어버린 적이 있었는데, 그때 황망한 마음과 깊은 슬픔을 경험하였다. 다행히도 다음 날 이른 아침에 자신의 소변 냄새를 맡으며 집으로 찾아와 주었고 지금은 반려견과 행복하게 지내고 있다. 이제 반려동물과의 삶은 우리의 일상에 깊숙이 들어와 있으며, 반려동물과의 교감 속에서 인간이 경험하는 상실과 우울증 문제가 사회적 양상으로 부각 되는 현실에서, 반려동물과 함께하는 목회는 필수적 과제가 아닐 수 없다.

2. 생태적 설교: 여성 친화적, 설교, 반려견 장례 설교, 친환경 실천을 위한 설교

설교란 하나님의 말씀을 설교자의 인격에 적용해서 오늘을 살아가는 사람들에게 전달하여 실존적인 고뇌와 갈등과 문제들을 해결하고 헤쳐 나갈 능력과 지혜를 주는 교훈이나 가르침을 의미한다. 그러나 지금까지 설교는 교회 안에서의 신앙과 봉사나 헌금, 전도에 치중하면서, 교인들이 일상을 어떻게 살아가야 하는지에 대해 도움을 주지 못했다. 더욱이 생태 위기는 곧 인간의 문제이며 일상의 문제이기에 생태적 설교는 삶과 동떨어질 수 없다. 리자 데힐(Lisa E. Dahill)은 "생태개혁이란 만국을 소성시키는 잎들을 포함한다(계 22:2). 우리의 예배와 설교를 녹색화하고, 우리의 가부장적 신학을 해방하며, 지구와 그 안에 취약한 사람들을 위해 우리의 믿음이 작동하도록 힘을 주는 것"이라고 하였다.[53] 본 글에서 사용하는 '생태적'이란 용어는 생태 여성 신학자 샐리 맥페이그(Sallie McFague)가 『기후변화와 신학의 재구성』이라는 책에서 사용한 바와 같이 모든 생명체가 상호의존하며 살아가는 공간인 '하나님의 집'을 가리키는 그리스어 '오이코스'가 뜻하는 '생태적', '일체적'(ecumenical), '경제적'이라는 세 가지 의미를 포괄한다.[54] 따라서 생태적 설교란 첫째, 생명의 존엄과 남녀를 포함한 모든 존재의 평화로운 공존을 도모하며 둘째, 인간의 실존적인 고뇌와 아픔을 치유하고 셋째, 그리스도인으로서 불의와 차별에 저항하면서도 관용과 사랑을 잃지 않으며 넷째, 절제와 소망 가운데 친환경적인 삶을 살도록 독려하는 설교를 의미한다. 즉, 생태 위기 치유와 지구 치유를 위해 일상의 가사노동과 쓰레기 분리수거 작업, 절제된 생활 습관과 재활용 방법 등에 초점을 둔 여성 친화적, 친환경적 실천을 위한 설교라고 할 수 있다. 이제 여성 친화적 설교, 반려동물 장례 설교, 친환경적 실천을 위한 설교에 대해 보다 구체적으로 살펴보도록 하자.

1) 여성 친화적 설교

폴 틸리히(Paul Tillich)는 설교한다는 것이 복음의 일방적 강요가 아니라 복음을 듣고 스스로 선택하도록 하는 것이라고 하였다. 그는 시대마다 청중에게 전하는 메시지의 표현도 달라져야 한다고 주장하며 청중의 상황에 참여하여 도출된 질문에 응답하려고 노력하였다.[55] 하지만 복음주의권 내 남성의 설교는 여성을 투명 인간이나 부수적 존재로 치부하기 일쑤다. 남성 설교자들은 하나님 말씀을 설교한다면서도, 남성적 경험과 가부장적인 선입견에 따라 '남성성'을 특권화하면서 여성들에게 지나치게 가사 일을 강조하거나 여성의 성을 통제하면서 성희롱, 성 비하적인 설교를 하는 경향이 많았다.[56] 여성들의 종교성이 강한 이유 중 하나가 죄책감에 있다는 지적은 슬프게 들린다.[57] 한국 교회 내에서는 설교를 대부분 남성 목사들이 하다 보니 때로는 성차별적이며 위압적인 설교가 하나님의 말씀으로 둔갑하여 여성들에게는 억압과 쓸데없는 죄책감 그리고 왜곡된 하나님 인식을 유발하기도 하였다. 하지만 교인들이 신앙적으로 고민하는 자아 정체성과 헌신의 문제, 교회와 가정, 사회에서의 역할에 관한 고민, 일상에서의 성생활, 가정생활, 사회생활, 자연과 더불어 살면서 부딪히는 문제들이야말로 외면할 수 없는 목회 문제요, 사회 문제와 지구 치유의 문제요, 더 나아가 하나님 나라의 문제이기도 하다.

본 저자도 스스로 정체성을 갖기 전까지는 남성 설교자들이 마구 쏟아낸 성차별적 설교로 인해 자기 비하와 낮은 자존감 속에 우울한 신앙생활을 한 적이 있다. 하지만 이런 성차별적 설교가 오히려 하나님에 대한 왜곡과 여성의 종교성을 방해한다. 앨리스 P. 매슈스 (Alice P. Mathews)는 『여성을 위한 설교』라는 책에서, 설교와 젠더의 교차점이 필요함을 역설하였다. 즉, 성과 성 정체성, 성 역할, 여성 이미지, 여성의 심리와 인식론 등 여성주의적 관점을 '성경적 설교'와 연결해야 한다고 주장하였다.58) 그리스도의 복음은 하나님과 인간과의 화해를 이룸으로써 율법이 가져온 인간의 모든 차별을 종식하고 '서로 사랑'하라는 새 계명을 삶의 원리이자 영생의 근거로 제시한다. 교회가 여성과 함께하는 하나님을 말할 수 있을 때 여성에게 그리스도의 복음을 되돌리는 것은 실현된다.

본 저자가 생각하는 여성 친화적 설교란 여성의 입장과 관점을 반영하는 성경적 페미니즘 설교이다.59) 구체적으로 열거하자면 첫째, 가부장적 구속사가 아닌, 남녀 각자의 주체성과 독특성을 인정하면서도 상호 의존성과 보완성을 추구하는 남녀 파트너십 설교이다.60) 둘째, 성경과 젠더의 교차점으로서, 성인지 감수성과 생명윤리, 젠더 이슈와 기독교 성 윤리 등을 다루는 설교이다. 셋째, 성경 속 여성 인물을 특별계시로 해석하여, 21세기 보편적 인권과 남녀평등의 시대정신에 맞게 복음적 도전과 여성 리더십 모델을 제시해주는 설교이다. 넷째, 의식주를 위한 가사일, 기독 신앙과 몸, 직장생활과 사회생활, 여성의 대표기도, 역할 바꾸기 그리고 기후와 환경 문제를 구체적으로 다루는 설교이다.

2) 반려동물 장례 설교

강아지와 함께 살아가면서 가끔 강아지의 죽음에 대해 생각해본다. 일상을 나와 함께 시작하고 함께 잠드는 강아지와 이별하는 때가 온다고 생각하면 참으로 슬플 것 같다. 반려동물을 키우는 사람들의 수가 점점 증가하고 있으며 혼자 살면서 반려동물과 교감하며 살아가는 사람들도 많이 있다. 때로는 반려동물을 축복한다거나 장례 설교를 집례하는 것에 대해서 반감을 표하거나 어색해하는 목회자들의 목소리를 듣게 된다. 하지만 교인들이 자동차를 구매하거나 개업할 때 목사를 초청하여 기도와 설교를 요청해서 왔다면, 반려동물 축복식이나 장례 설교도 정서를 교감해온 반려동물 소유주를 위해 더 적극적으로 수행해야 한다. 인간의 장례예배가 고인에 대한 사랑과 감사, 유족에 대한 위로를 담듯이 반려동물의 장례예배도 반려동물이 함께 해준 시간과 유족에게 준 전적인 사랑과 충성에 감사하며 하나님께서 그 영혼을 받아주시고 하나님 품에서 쉬게 해주시기를 빌어주는 내용을 담아내어야 한다. 또한 인간의 장례예배가 유족을 위로하는 목적도 있는 것처럼 반려동물의 장례예배도 상실을 경험하는 교인들을 위해 필요하다. 이처럼 반려견을 위한 장례 설교는 살아 있는 생명과 함께 울고 웃는 삶 그리고 그 생명을 떠나보내야 하는 견주나 묘주의 깊은 슬픔과 아픔을 위로해주고 하나님 나라의 소망으로 다독여주는 설교이다. 상실과 이별을 경험한 사람에게 따뜻한 위로의 말 한마디를 건넨다면 그것처럼 좋은 설교가 없다. 반려동물과 관련된 블로그를 검색해보니, 성북동 길상사라는 사찰에 반려동물을 위한 추모 공간이 마련되어 있으며 반려견을 위한 가톨릭의 기도문이 검색되었다. 한국 교회는 기독교 인구가 천만이라고 자랑하던 때가 있었다. 지금은 교인 수가 대폭 감소하는 추세에 있지만 반려동물을 키우는 교인들은 매우 많을 거라 추측된다. 이제 교회도 하나님이 주신 귀한 생명과의 공존과 기쁨을 나누며, 이별과 슬픔을 위로할 수 있는 목회에 적극적인 관심을 가져야 하겠다. 그리고 교단 차원에서 반려동물의 입양, 질병, 죽음 등과 관련된 다양한 상황을 염두에 둔 기도문, 예배문 등을 개발할 필요가 있다.

<반려동물 '몽실이'를 생각하며 드리는 기도>

모든 생명의 주가 되시는 하나님!
이 시간 몽실이를 위해 기도합니다.
몇 달 전, 몽실이를 잃어버렸을 때,
어찌할 바를 몰라 황망했던 기억이 납니다.
그때, 몽실이가 얼마나 두렵고 힘들었을지 생각하면
지금도 미안하여 마음이 아픕니다.
하지만 다음 날, 몽실이는 영리한 후각을 따라 우리 곁에 다시 돌아와,
지금은 서로 감정을 교환하면서, 행복하게 살 수 있게 되어 얼마나 감사한지요!
몽실이를 통해 알게 된 것들이 참 많습니다.
생명을 창조하신 하나님의 따뜻한 섭리와 사랑도
깨닫게 되었습니다.
바라기는 몽실이와 사는 동안, 몽실이가 행복하고 건강하게 살기 원합니다.
몽실이가 우리 곁을 떠나는 시간이 온다고 해도, 몽실이와 우리 가족 모두
"행복했노라"라고 말할 수 있도록 후회 없이 아껴주고 사랑하며 살아가도록 도와주십시오.
아울러 몽실이와 사는 동안, 창조주 하나님의 선하고 아름다운 뜻을
더 많이 알 수 있도록 하옵소서
주님의 한없는 사랑과 돌보심을 찬양합니다. 아멘

3) 친환경적 실천을 위한 설교

맥페이그는 그리스도인들이 예배를 통해 소비를 미덕으로 아는 소비사회를 살아가는 사람들에게 생태의식을 환기하고 생태적 삶의 길을 제시해야 한다고 제안한다.[61] 그런데 최근에 미국, 영국 등 국제 공동연구팀은 세계 식량 체계를 현재대로 유지하면 화석 연료를 지금부터 전혀 사용하지 않아도 파리기후협약에서 제시한 산업화 이전 대비 1.5∽2도 상승 억제 목표를 지키지 못할 거라는 심각한 연구 결과를 밝혔다. 이로써 연구팀은 식량 체계 개선을 위한 전략으로써 '식물성 위주 식단', '건강식이', '곡물 생산성 향상', '음식 쓰레기 감축', '식량 생산 효율화' 등을 제시하였다.[62] 이러한 생태 위기를 극복하기 위한 일상의 실천은 한 끼의 식사를 준비하기 위해서 장을 보고 다듬고, 조리하고 상을 차리며 설거지를 하는 일련의 실천과정 속에서 실현된다. 향후 친환경적 실천을 위한 생태적 설교는 친환경적 음식이 무엇인지, 적당량의 음식을 어떻게 만들어 먹어야 하는지, 플라스틱 사용 줄이기와 쓰레기의 양은 얼마나 되는지, 분리수거와 재활용의 지혜는 무엇인지, 소비를 줄이며 절제하는 삶은 무엇인지, 지구의 온난화를 억제하기 위해 식물 위주의 식단을 어떻게 차려야 하는지, 일상의 삶에서 구체적으로 실천할 수 있는 설교가 되어야 할 것이다.

반가운 일은 2021년 1월에 설립한 '기독교 환경교육 센터 살림' 단체는 "팬데믹과 기후 위기 시대 경건한 40일 탄소 금식"이라는 주제로 2021년 탄소 금식 캠페인 준비 토크 및 자료 나눔 기자 설명회를 개최한 것이다.[63] 이번 COVID-19 팬데믹은 생태 위기와 기후 문제가 국가를 넘어 지구상에 사는 세계인들의 공통 문제임을 알려

주었다. 따라서 친환경적 실천을 위한 설교는 우리의 터전인 지구에서 안전하게 잘 살기 위해, 모두가 평화롭게 공존하기 위해, 종국에는 하나님이 창조하신 생명의 신비와 아름다움, 모든 지혜와 은혜의 충만을 경험하기 위해 필요하다.

V. 나가는 말

COVID-19라는 팬데믹 사태는 생명의 존엄과 자연과 평화로운 공존이야말로 인간을 위한 길이며, 생태 위기를 막는 길이며, 더 나아가 모든 존재하는 것들이 유기적으로 연결되어 있다는 생태학의 중요성을 알려주었다. 생태 위기에서 벗어나는 길은 인간과 자연의 관계와 남성과 여성의 관계 모두 옆으로의 관점을 지향해야 한다. 그런데 전통 신학은 위아래 관점을 취하여 인간과 자연을 차별하며 착취해왔다. 아울러 복음주의 실천신학 역시 20세기에 대부분 서구 남성에 의해 만들어진 학문이론으로 유지하면서 전근대적이며 가부장적인 실천신학 특히 설교학과 목회학으로 강화되었다. 이러한 남성 목회자 중심의 실천신학으로는 옆으로의 신학을 지향하고, 공존과 상호의존을 도모하는 생태 신학은 함께할 수 없다. 본 저자는 생태 신학이 지닌 유기적이며 전체론적인 관점과 실천신학이 추구하는 인간 경험적 요소와 실천이론의 학문적 지향에서 공통분모를 발견하게 되었다. 해서 옆으로의 신학 지향과 경험 주체의 신학 지향, 그리고 생태 여성주의 영성 지향을 추구할 때, 생태 실천신학이 성립될 수 있다고 보았다.

이에 '생태 실천신학'이라는 용어를 생각하게 되었고 강아지를 키우며 두 딸의 엄마이자 실천신학자로서의 경험을 바탕으로 생태적 목회와 생태적 설교에 적용해 보았다. 생태적 목회에 적용할 첫 번째 요소는 교인의 과반수를 차지하는 여성 주체의 경험과 필요를 반영하고 활용하는 생태 여성적 목회이다. 기업 세계화와 가부장제는 여성 억압과 자연 파괴를 가속하였다. COVID-19와 같은 생태 위기와 자연 파손 문제에 직면하여 생태 실천적 영성을 요구받고 있는 한국 교회는 이를 목회에 적용할 수 있어야 한다. 이는 여성의 옆으로의 관점에서 나오는 돌봄과 공감, 사랑과 생태적 통찰의 포괄적인 경험과 지혜는 교회 유기체를 살리며 친사회적이며, 친환경적인 역할에 도움을 줄 수 있기 때문이다. 아울러 교회는 기존의 남성 중심적, 강자 중심의 목회관점에서 소외당하고 차별받는 약자와 가난한 자를 우선 돌보며, 젠더 문제와 젠더 정의에 관심을 기울이는 목회도 포함해야 한다. 두 번째 요소는 동물의 생존권을 지켜주며 동물과 교감하며, 평화롭게 공존하기를 원하는 사람들의 필요를 채워줄 수 있는 반려동물과 함께하는 목회이다. 왜냐하면 반려동물을 키우는 인구 천만 명 시대에 돌입하면서 반려동물 축복 예배나 반려동물 장례예배에 대한 요구가 많아지고 있기 때문이다.

생태적 설교란 첫째, 생명의 존엄과 남녀를 포함한 모든 존재와의 공존을 도모하며 둘째, 인간의 실존적인 고뇌와 아픔을 치유하고 셋째, 그리스도인으로서 불의와 차별에 저항하면서도 관용과 사랑을 잃지 않으며 넷째, 절제와 소망 가운데 친환경적인 삶을 살도록 독려하는 설교이다. 이는 지구 치유와 생태 보존을 위해 일상의 가사노동과 쓰레기 분리수거 작업, 절제된 생활 습관과 재활용 방법 등에 초점을 둔 여성 친화적 설교, 반려동물 장례 설교와 여러 상황에서의 기도문, 그리고 친환경적 실천을 위한 설교를 포함한다. 또한 여성 친화적 설교란 여성의 입장과 경험을 반영하는 성경적 페미니즘 설교이다. 구체적으로 첫째, 남녀 파트너십 구속사적 설교, 둘째, 성인지 감수성과 생명윤리, 성폭력 등 기독교 성 윤리 등을 다루는 설교, 셋째, 여성 리더십의 모델을 제시하는 설교, 넷째, 기독 신앙과 몸의 경험, 직장생활과 사회생활, 젠더 이슈와 친환경적 이슈를 구체적으로 다루는 설교를 의미한다. 반려동물 장례 설교는 하나님이 주신 귀한 생명과의 공존과 기쁨을 나누며 이별과 슬픔을 위로할 수 있도록 적극적인 관심을 가져야 한다. 친환경적 실천을 위한 설교는 지구 치유를 위한 일상의 가사노동과 쓰레기 분리수거 작업, 절제된 생활 습관과 재활용 방법 등을 포함한다. 이를 통해 교회는 생명을 지켜주고 돌보며, 평화롭게 공존하며 연합하는 유기적인 공동체로서의 모범과 실천을 보여주어야 한다. 아울러 실천신학은 인간과 사회에 봉사하고, 생태 위기 극복과 지구 치유를 위해 힘쓰는 생태 실천신학에 관심을 가져야 한다.

마지막으로, 생태 실천신학의 후속 과제는 첫째, 생태 위기에 대한 인식의 변화와 함께 생태 실천신학 담론 즉, 생태 목회학, 생태 설교학, 생태 예배학, 생태 목회 상담학 등에 관한 학문연구와 실제 이론이다. 둘째, 21세기 젠더 이슈 해결 및 생태 정의와 친환경적 실천에 이바지할 수 있는 젠더 정의와 생태 신학, 생태 여성주의 영성과 여성 리더십, 생태 위기와 실천신학에 관한 논의들이 요청된다. 셋째, 생태 소통이론, 생태적 크리스천 생활론, 생태 사회윤리와 같은 사회학적 연구도 활발해져야 한다.

미주

1) 레오나르도 보프/김항섭 옮김, 『생태 신학』(서울: 가톨릭출판사, 2013), 24-27, 58-78.

2) 로즈마리 래드퍼드 류터/전현식 옮김, 『가이아와 하느님』(서울: 이화여자대학교 출판부, 2006)을 참조하라.

3) 김은혜, "자연과 여성 사이의 연관성에 대한 생태 여성주의와 여성 신학의 대화-기독교 문화 윤리학 형성을 위한 제언,"「한국기독교 신학 논총」 30/1(2003): 417-448.

4) 보프, 『생태 신학』, 26.

5) 실천신학 영역의 분류는 학자마다 다소 차이가 있지만, 현재 실천신학 안에는 설교학, 예배학, 전도학, 목회학, 목회 상담학, 교회 행정학, 영성 신학, 교회 정치, 교회 헌법, 교회 지도자론, 사회봉사 등이 속해 있다. 박근원, 『현대 신학 실천론』 (서울: 대한기독교서회, 2002) 제2부를 참조하라; 정일웅, 『한국 교회와 실천신학』 (서울: 도서 출판 이레서원, 2002), 37-41; 김순환, "실천신학의 학문적 위치와 방법론," 『복음주의 실천신학 개론』(서울: 도서 출판 세복, 2002): 17.

6) 류터, 『가이아와 하느님』, 23.

7) 로즈마리 래드퍼드 류터/손승희 옮김, 『새 여성 새 세계: 여성 차별주의와 인간의 해방』(서울: 현대사상 총서, 1975), 255.

8) 보프, 『생태 신학』, 72.

9) 앤드류 린지/장윤재 옮김, 『동물 신학의 탐구』(대전: 도서 출판 대장간, 2014)를 참조하라.

10) 구자용, "야웨, 동물의 주,"「구약논단」 21/2 (2015): 229-230.

11) 롬 15:7; 골 4:16; 갈 3:28.

12) 프랭크 비올라/박영은 옮김, 『1세기 관계적 교회』(서울: 미션 월드, 2006), 21-47.

13) 요한 아모스 코메니우스/정일웅 옮김, 『범교육학』(서울: 도서 출판 그리심, 2003), 133-35.

14) 요한 아모스 코메니우스/이숙종 옮김, 『빛의 길』(서울: 여수룬, 1999), 162.

15) 고린도전서 제12장 26절.

16) 고린도전서 제12장 25절.

17) 고린도전서 제12장 22-24절.

18) 보프, 『생태 신학』, 25.

19) 보프, 『생태 신학』, 21-26.

20) 보프, 『생태 신학』, 21-26.

21) 정일웅, 『한국 교회와 실천신학』, 342-6; 황성철, 『개혁주의 목회 신학』(서울: 총신

대학교출판부, 2000)을 참조하라.

22) 보프, 『생태 신학』, 224.

23) 안은찬, 『칼뱅의 목회 신학』(서울: CLC, 2007), 22-23.

24) 폴 투르니에/홍병룡 옮김, 『여성, 그대의 사명은』(서울: IVP, 2003), 63-73.

25) 투르니에, 『여성, 그대의 사명은』 173-79.

26) 마이클 다우니/안성근 옮김, 『오늘의 기독교 영성 이해』(서울: 은성, 2001), 60.

27) 보프, 『생태 신학』 제2장을 참조하라.

28) 에드위나 게이틀리/황애경 옮김, 『따뜻하고 촉촉하고 짭쪼롬한 하느님』(서울: 분
    도출판사, 1998), 121.

29) 전현식, "지구적 위기와 로즈마리 류터의 생태 여성 신학," 「기독교 사상」 2010(9):
    260-279.

30) 전현식, "생태 여성 신학의 영성 고찰," 「신학 논단」 43(2006): 413-438.

31) 김순환, "목회학," 『복음주의 실천신학 개론』(서울: 도서 출판 세복, 2002): 188.

32) 프란시스 브리저, 데이비드 아트킨슨/이정기 옮김, 『상담 신학』(서울: 예영 미디어,
    2002), 202.

33) 코메니우스는 목회자로서 세상에 방황하는 영혼들을 위로하며 소망을 주기 위해
    서 『세상의 미로와 마음의 천국』을 썼다. 그는 여기서 인간은 하나님의 형상을 입
    었으나 타락한 존재, 그런데도 그리스도를 통한 새 존재라는 것과 '사랑'을 인간
    돌봄의 중요한 원리로 보고 있다. John Comenius, *The Labyrinth of the World and
    The Paradise of the Heart*, translated & introduced by Howard Louthan & Andrea
    Sterk, preface by Jan Milic Lochman (New Youk: Paulist Press, 1998)을 참조하라.

34) 정일웅, 『한국 교회와 실천신학』, 44.

35) 백영기, "영성, 자연, 문화의 삶을 일구는 쌍샘 자연교회," 「선교와 신학」 44(2018):
    109-134.

36) 보프, 『생태 신학』, 251.

37) 쟈크 엘룰/쟈크 엘룰 번역위원회 옮김, 『뒤틀려진 기독교』(서울: 도서 출판 대장간,
    1998), 62-151.

38) 전현식, "지구적 위기와 로즈마리 류터의 생태 여성 신학": 266-8.

39) 전현식, "지구적 위기와 로즈마리 류터의 생태 여성 신학": 275.

40) 크리스티나 폰브라운, 잉에 슈테판/탁선미, 김륜옥, 장춘익, 장미영 옮김, 『젠더 연
    구』(서울: 나남, 2002), 5-7.

41) 김원정, 정윤미, "지난 2년, 20만 명 이상 동의 얻은 국민 청원 40%가 젠더 이슈,"
    「KWDI Brief」 제52호 (2019): 1-9.

42) 낸시 프레이저, 액셀 호네트/김원식, 문성훈 옮김, 『분배냐, 인정이냐? : 정치 철학
    적 논쟁』(서울: 사월의 책, 2014), 45-6, 55-81을 참조.

43) Catherine Rottenberg, *The Rise of Neoliberal Feminism* (Oxford: Oxford University.
    Press, 2018), 55를 이현재, "신자유주의 시대 젠더 정의와 '유리천장 깨뜨리기': 변

혁적 논의를 위한 비판 페미니즘의 제안,"「젠더와 문화」2(2019): 43-73에서 재인용

44) 이정은, "정의, 분배 정의, 그리고 여성-마이클 샌델의『정의란 무엇인가』의 논의에 기초하여,"「한국여성 철학」15(2011): 151-179.

45) 2015년 농림 축산 식품부 자료

46) 안타까운 일은 반려동물을 키우는 인구가 증가함에 따라, 버려지는 유기 동물도 점점 증가하고 있다. 김세영, 박형인, "반려동물 효과: 반려동물 소유와 심리적 건강 간 관계의 메타분석 연구,"「사회과학연구」28/1 (2017): 101-115.

47) '반려동물'이란 1983년에 동물 행동학자인 콘라트 로렌츠 Konrad Lorenz가 인간과 애완동물의 관계를 주제로 한 국제 심포지엄에서 그동안 사용하던 애완동물, 즉 'pet'이라는 말 대신 동물이 사람의 장난감이 아니며 함께 살아가는 동물, 즉 'companion animal'로 재인식하기를 희망하며 제안한 용어다. 김민정, "애완동물, 반려동물과 버려지는 동물, 인간소외,"「문화과학」76 (2013): 130-149.

48) 김세영, 박형인, "반려동물 효과: 반려동물 소유와 심리적 건강 간 관계의 메타분석 연구": 110.

49) 구자용, "야웨, 동물의 주-신학적 동물학에 대한 소고": 205-35.

50) 류터,『가이아와 하느님』, 248-9.

51) 이사야 제11장 6-9절.

52) 김요한,『내 인생의 36.5도』(서울: 새물결플러스, 2020), 199-203.

53) Lisa E. Dahill & James B. Martin-Schramm, "Eco-Reformation: Grace and Hope for a Planet in Peril," *Christian Century* (August, 2. 2017): 306.

54) 샐리 맥페이그/김준우 옮김,『기후변화와 신학의 재구성』(고양시: 한국기독교연구소, 2019), 54-58.

55) 이문균, "폴 틸리히의 신학과 설교,"「한국기독교 신학 논총」59 (2008): 175-198.

56) 이 부분에 대해선 필자의 "개혁교회 내 성차별적 설교에 대한 여성 신학적 고찰,"「한국기독교 신학 논총」102 (2016): 301-326을 참조하라.

57) 게리 시몬스와 토니 월터는 여성의 종교성이 남성에 비해 뛰어난 이유가 여성들이 가진 죄책감에 기인하기 때문이라고 지적하였다. Gary Simmons & Tony Walter, "Spot the Men: The Relation of Faith and Gender,"「The Third Way」11 (1988/4): 10-11.

58) 앨리스 P. 매슈스/장혜영 옮김,『여성을 위한 설교』(서울: 새물결플러스, 2016)를 참조.

59) 강호숙,『성경적 페미니즘과 여성 리더십』(서울: 새물결플러스, 2020), 101-103을 참조하라.

60) 에베소서 제5장 4절.

61) 샐리 맥페이그/김준우 옮김,『기후변화와 신학의 재구성』(고양: 한국기독교연구소, 2019), 155-168.

62) 이근영, "온난화, 화석 연료 다 끊어도 못 막는 지경… 살길은 '채식 생활'," 한겨레신문 2020년 11월 9일 자 기사. http://www.hani.co.kr/arti/science/science_general/969187.html. 2021년 3월 24일 검색.

63) 기독교 환경교육 센터 살림 홈페이지(m. blog. daum.net/echochrist)

제2장

생태 위기와 생태 정의에서 배우는 통일*

이수봉**

I. 들어가는 말

2017년은 북한의 핵 개발과 미사일 실험이 극에 달했던 해이다. 남북관계는 극도로 경색되어 더 이상 나빠질 것이 없을 것 같았다. 세계인의 평화 축제인 2018년 평창동계올림픽을 앞두고 북한의 도발이 염려됐을 정도였다. 하지만 해가 바뀌자마자 남북관계는 새로운 봄을 맞이하였다. 북한에서 평창올림픽에 협조하겠다는 메시지가 나왔다. 아이스하키를 비롯하여 남북연합팀을 구성한 종목도 나오고, 예술단의 공연과 남북의 연합응원도 이루어졌다. 이어서 3번이나 판문점과 평양에서 남북정상회담이 성사되었다. 남북 정상이 백두산에서 두 손을 맞잡은 사진을 보면 2017년의 험악했던 분위기는 온데간데없었다. 이처럼 남북관계가 하루아침에 냉탕과 온탕을 오간

---

* 본 글은 「기독교와 통일」 제11권 제2호(2020.11)에 게재된 필자의 글 "생태학이 통일신학에 주는 시사점 연구"를 수정 편집한 것임을 밝혀둔다.
** 총신대학교 철학박사, 통일신학 전공

것은 이번이 처음은 아니다. 70여 년의 분단 세월 동안 남북관계는 늘 그랬다.

그렇다면 언제 훈풍이 불고 언제 냉풍이 불었는가? 남북관계가 얼어붙을 때는 분단의 가치가 지배할 때이고, 훈풍이 불었을 때는 통일의 가치가 지배할 때이다. 한반도에는 분단과 통일이라는 두 개의 가치가 공존하면서 남북관계에 영향을 주고 있다. 하지만 냉탕과 온탕을 오가는 지루한 진자운동을 계속할 수는 없다. 분단을 잘 관리하고 문제를 해결하면 전화위복이 될 수 있다. 그 과정에서 통일의 역량이 만들어지게 될 것이다. 어쩌면 이런 논의가 통일 담론이라고 해도 좋다. '생태에서 배우는 통일'은 이런 통일 담론 중 하나다.

'생태에서 배우는 통일'은 전혀 무관한 것을 연결해 놓은 것처럼 보일 수 있다. 생태와 통일이 무슨 관계가 있단 말인가? 생태와 통일을 연결하면 일반인들은 대부분 비무장지대(DMZ)의 생태를 생각할 것이다. 십여 년 전부터 휴전선 인근의 DMZ를 생태적으로 조명하는 담론들이 만들어지고 있다. 군사지역이라 일반인들의 발길이 닿지 않는 동안 휴전선 인근의 자연 생태가 잘 보존되었던 것이다. TV 화면 속에 등장하는 DMZ의 모습은 군사지역의 긴장감을 잊게 할 만큼 평화로워 분단의 아픔과 평화에 대한 희망을 동시에 느끼게 한다. 그래서 DMZ를 생태평화공원으로 조성하자는 정책들이 많이 나왔다. 반면에 DMZ의 생태계에는 다른 모습도 있다. 적의 침투를 경계하기 위해 풀이 자라지 못하게 하고 군사시설을 설치하면서 자연을 훼손한 곳도 많다. 반생태적 군사시설은 전국에 산재해 있다. 생태적 통일은 주로 이렇게 다루어져 왔다.

본 연구에서 생태와 통일을 연결하는 것은 초점이 좀 다르다. 생태 위기와 분단, 생태 정의와 통일이 유사한 철학적 가치에 기초하고 있다는 것에 기반을 두고 있다. 생태학에서 주장하는 생태 위기의 가장 기본적인 가치는 인간 중심적, 위계적 가치다. 이것을 분단에 적용하면 남북이 각각 자기중심적 통일을 주장하고 남북관계에서 우위를 점하려고 하는 것이 분단적 가치이다. 한편 생태 정의는 생태 요소들 간에 유기적으로 질서와 조화를 이루는 것을 의미하는데 이것을 통일에 적용하면 남북한의 7천500만이 유기적으로 연결되어 질서와 조화를 이루는 것이 통일이라는 것이다.

분단과 통일은 원리적으로는 단순하면서도 복잡하다. 왜냐하면 원리적으로는 단순하지만 그 원리를 역사현장에서 펼쳐내는 것은 복잡하기 때문이다. 70년 이상의 분단 역사와 7천500만 명의 사람들이 만들어 내는 관계가 복잡하지 않다면 이상하다. 하지만 복잡하다고 해서 포기할 수 없다. 복잡한 분단과 통일의 문제를 해결해 나가면서 우리는 이 시대의 정신을 만들어간다. 이 시대의 정신은 분단을 관리하고 통일을 이루는 것이야 한다. 그 시대 정신을 만들어내는 작업의 하나로 생태 위기와 생태 정의를 통해 분단과 통일에 대해 생각해보려 한다.

본 연구의 목적은 생태 위기와 생태 정의에서 통일에 대한 통찰을 모색하는 것이다. 이를 위해 먼저 독일 통일의 문제점을 살펴보겠다. 독일 통일의 문제점을 논하는 것은 국가 체제 중심의 외적 통일이 반드시 내적 통일로 이어지는 것은 아니라는 것을 지적하고 내적 통일을 포함하는 진정한 통일을 가능케 하는 생태학적 통일 담론으로 나가기 위해서다. 독일은 이미 30년 전에 통일이 되었지만 아직 내적 통일을 이루지 못하고 있다. 그러므로 한반도 통일 담론은 통일 독일의 내적 통합의 문제의 실체를 파악하고 대책을 담아내야 한다. 이를 위해 본 글은 우선 생태 위기에 대해 살펴보고 생태 위기의 원인을 분석할 것이다. 그다음에 생태학적 담론들을 살펴보면서 생태 문제 해결을 위한 논의들이 통일 담론에 미치는 영향에 대해 탐구할 것이다. 마지막으로 생태학적 담론과 통일 담론을 정리할 것이다.

본 글은 분단과 통일에 대한 원리적 이해를 시도하는 것이다. 그러므로 정치·사회적 통일을 염두에 두고 있는 독자들에게는 좀 혼란스러울 수 있다. 왜냐하면 대부분의 통일 담론이 통일정책이나 방법을 논하고 있기 때문이다. 하지만 담론의 원리적 접근 없이는 실질적 적용은 방향을 잃을 수밖에 없다. 본 글에서 생태에 대한 논의가 원리적인 것에 초점을 맞추고 있는 이유도 바로 여기에 있다.

II. 독일에 있어 내적 통일과 외적 통일의 문제

생태학적 관점에서 한반도 통일 담론의 문제를 살펴보기 전에 독일에 있어 내적 통일과 외적 통일의 문제를 점검해보자. 국가 체제의 통합이라는 측면에서 독일의 통일은 분명 한반도 통일의 한 모델이 될 수 있다. 하지만 내적 통일이라는 측면에서 독일 모델은 문제가 많다. 먼저 '어떤 문제가 있는가?' 그리고 '그 문제의 원인과 해결책은 무엇인가?'에 대해 생각해보기로 하자.

1990년 10월 3일 독일은 통일되었다. 그 후 독일은 통일의 역사를 써 내려가고 있다. 아직 분단 상태에 있는 한반도의 일원이라면 부럽지 않을 수 없을 것이다. 분단의 역사와 통일의 역사는 비교할 수 없는 질적 차이가 있다. 왜냐하면 분단 상태에서 아무리 남북관계가 좋아져도 분단의 역사이며, 통일 상태에서 아무리 구(舊)동·서독 지역의 관계가 나빠도 통일의 역사이기 때문이다. 그런데도 첫 번째 단추를 잘못 꿰면 좀처럼 고치기 힘들 듯이 분명한 지향이 없이 실현된 통일은 문제가 만만치 않다. 그러므로 독일의 통일을 막연히 부러워하기보다는 독일 통일의 선례를 통해 바람직한 통일 상을 배워야 한다.

2020년 10월 3일로 독일은 통일 30년을 맞이했다. 통일된 독일의 모습은 어떨까? 누가 어떤 관점에서 평가하느냐에 따라 결과가 달라질 수 있다. 그러므로 모든 평가는 일면만 보여줄 수밖에 없다. 하지만 일면이라도 유의미한 평가는 있을 수 있다. 그런 점에서 동·서독 통일의 격동기의 중심에 있었던 한스 모드로(Hans Modrow) 전 동독 총리의 말을 주목하고자 한다. 2020년 10월 4일 독일 통일 30주년을 기념하여 모드로와 이메일로 진행한 인터뷰 기사가 조선일보에 게재되었다. 동독 사회주의통일당(SED) 내의 개혁파였던 모드로 전 총리는 베를린 장벽이 무너진 지 나흘 만인 1989년 11월 13일 총리에 올라 5개월 동안 총리로서 격동의 시간을 보냈다. 이처럼 그는 동독인의 입장에서 독일의 통일을 가장 근거리에서 목격한 사람 중 하나이다.

일간지는 모드로와 인터뷰 기사를 올리면서 헤드라인을 이렇게 뽑았다: "통일하면 끝? 독일은 아직 '하나' 되지 못했다." 외적 통일이라는 측면에서 독일 통일은 잘 진행된 것으로 보일 수 있고 또한 부러워할 수도 있다. 하지만 우리는 '독일이 아직 하나가 되지 못했다'라는 평가에 귀를 기울일 필요가 있다. 이 말은 정치적이며 제도적 통일이 통일의 끝이 아니라는 것을 의미한다. 그러므로 통일 후 30년이 지난 지금까지 독일이 왜 '하나'가 되지 못했는지를 파악해야 하며 제도적 통일의 의미와 '하나'가 된다는 것의 의미를 정확하게 이해해야 한다. 모드로는 동·서독의 통일을 회상하며 이렇게 말했다.

> 둘로 쪼개진 독일을 하나로 통합하는 건 가야만 했던 길이었습니다. 소련과 동유럽의 붕괴에 따른 역사의 흐름 속에서 피하기도 어려운 물결이었죠. 그러나 준비가 부족한 상황에서 통일을 급히 밀어붙인 부작용 때문에 30년이 지나도 동·서 간 차이는 극복되지 않고 있습니다.[1]

모드로는 독일 통일에는 이의가 없었지만 통일의 내용에는 문제가 많다고 평가한다. 그의 말에서 독일 통일의 세 가지 문제가 발견된다. 첫째, 준비가 부족했다. 둘째, 서독 중심으로 밀어붙였다. 셋째 잘못된 통일의 부작용은 30년이 지나서도 극복되지 않고 있다. 이 세 가지 문제에 대해 좀 더 자세히 살펴보도록 하자.

첫째, 통일 준비가 부족했다. 모드로는 "급격한 통일로 8000개가 넘는 동독 기업이 도산하면서 그나마 동독이 자생적으로 쌓아 올린 경제적 토대를 끌어안지 못했다"라고 평가했다. 통일된 독일에서 동독의 기업들과 동독의 경제적 토대들은 경쟁력이 없었다. 하지만 경제 체제의 차이를 무시한 채 도산하는 것이 당연하다고 평가해서는 안 된다. 왜냐하면 통일 문제는 경제적 역량으로만 판단해서는 안 되기 때문이다. 8000개의 동독 기업은 동독인들의 삶이요 정체성이었다. 서독은 동독인들의 삶과 정체성을 통일 과정에서 반영하지 못하였다는 것이다.

모드로는 "결국 30년간 300만 명이 넘는 동독인이 서독으로 이주하는 사태가 벌어졌다"라고 말하며 서독으로의 이주를 변화된 경제 상황에서 나타날 수 있는 자연스러운 현상이라고 하는 것은 동독인의 입장에서 아쉬워했다. 경제적 이유로 인해 같은 동독인들에 의해 동독의 가치가 짓밟힌 것이다. 통일 준비를 잘 했으면 이런 현상이 생기지 않았을 것이고 생겼더라도 충격을 완화할 수 있었을 것이다. 비록 300만 명의 동독인이 서독으로 이주하는 사태를 막지 못했을지라도 변화와 수용의 과정은 분명 필요했다. 다시 말해 동독인들이 스스로 변화를 받아들이고 적응하도록 해야 했다. 하지만 당시엔 이를 위한 통일 작업이 없는 상태에서 갑자기 통일이 진행되었다. 모드로는 통일의 후유증을 완화하기 위해 1990년 초에 '3단계 통일론'을 주장했었다. 첫 단계로 동·서독이 공동의 이익을 위해 협의하고, 두 번째로 대외정책을 공동으로 추진하면서 통일 이후의 법률 토대를 만든 후, 세 번째로 통일된 국가를 만드는 것이었다. 모드로는 자신의 주장대로 통일했다면 통일의 후유증이 줄어들었을 것으로 생각한다.

물론 여기서 반드시 짚고 넘어가야 하는 것은 모드로의 정책이 통일의 후유증을 줄이는 데는 긍정적인 영향을 미쳤을지 모르지만 그 정책이 이행되었다면 다른 변수가 생겨서 통일이 이루어지지 않았을 수도 있었다는 점이다. 그는 동독 내부에 문제가 있었다는 것을 인정한다. 그의 인터뷰에 따르면, "동독 시절 공산주의를 현실에 맞게 개혁하려고 노력했지만 소련의 반대와 통제에 의해 실패하는 바람에 서독 및 자본주의와의 거리를 좁히지 못한 채 통일을 맞았다."[2] 비판의 여지는 있지만 동·서독의 격차를 좁힘으로써 통일의 충격을 줄였어야 한다는 그의 주장은 충분히 이해할 만하다. 이처럼 국가 체제의 통일은 통일에 대한 충분한 이해를 하고 충격을 줄이려고 노력해야 한다. 왜냐하면 독일의 통일과 같이 동·서독의 격차가 줄었다면 통일이 안 됐을 수도 있는 상황은 한반도에도 동일하게 적용될 수 있기 때문이다. 모드로는 통일 준비로서 그가 만든 일명 '모드로법'이 제정되었다는 것에 대해 다행스럽게 생각한다. 모드로 법은 동·서독이 분단되기 이전에 서독인 소유였던 땅이 통일 이후 원래 소유자의 후손에게 넘어가더라도 그곳에 사는 동독인이 당장 쫓겨나지 않도록 하는 법률적 토대를 만들었으며 이는 통일 후에 불거진 토지에 대한 재산권 분쟁 해결에 도움이 되었다.

둘째, 서독 중심으로 통일을 밀어붙였다. 모드로는 북대서양조약기구(NATO) 중심의 서방이 힘으로 압박하며 독일 통일을 서둘렀다고 회고했다. 또한 그는 당시 한 치 앞도 내다보기 힘든 세계정세 속에서 헬무트 콜(Helmut Kohl) 서독 총리는 소련이 독일 통일에 협조적인 시간이 길지 않을 것으로 판단하고 급하게 통일을 재촉했다고 주장했다. 모드로는 1990년 1월 모스크바에서 미하일 고르바초프(Mikhail Gorbachev) 공산당 서기장을 만나 서독과의 통일 협상에서 소련의 지원을 받는 방법을 협의했지만 실패했다. 이미 내부 혼란이 극심했던 소련은 붕괴 상태에 진입해 있었고 동독을 도와줄 여력이 없었다. 이처럼 통일 과정에서 동독의 의사는 전혀 반영되지 않은 채 서방과 서독의 주장만 일방적으로 급속하게 관철되면서 정치적 경제적 제도적 통일이 이루어졌다. 모드로에 따르면, "동독인들은 하루아침에 법체계, 화폐, 문화를 잃고 새로운 시스템에 적응

하느라 고난을 겪었다." 그 결과 "여전히 동독인들은 자본주의에 대한 불신이 크고, 서독인들은 그런 동독인들을 불신"하며 "통일 이후 출생한 동독 젊은이들마저도 사회적 신뢰를 얻지 못하는 실정"이다.[3] 결국 서독 중심의 제도적이고 외적인 통일은 이루었지만 내적이고 정서적인 통일의 측면에서는 큰 상처를 남겼다.

셋째, 잘못된 통일의 부작용은 30년이 지나서도 극복되지 않고 있다. 모드로는 지난 30년을 돌아보며 "독일은 여전히 정치·경제·사회 등 각 분야에 걸쳐 이원적인 사회 구조를 갖고 있다"라고 주장하였다. 그에 따르면, "30년이 지났지만 동독인으로서 대학 총장이 되거나 연방 대법관이 된 사람이 한 명도 없다." 또한 "대사나 군 장성도 동독 출신이 거의 없는 채 고위 공직자의 80% 이상을 서독 출신이 독식하고 있다."[4]

독일 통일의 현실을 반영한 다른 자료에서도 이와 유사한 내용을 찾아볼 수 있다. 예들 들어, 통일 후 22년 되었을 때의 자료에서 동독인들의 70%가 자신을 2류 시민으로 느끼고 있었다.[5] 구동독지역의 실업률은 12%로 서독 지역의 2배이며, 최저 임금에서도 동독 출신들은 같은 일을 하는 서독 출신들보다 17% 낮은 임금을 받는다. 동독 연방주의 투자 자금의 95%는 서독 출신 투자자 소유이며 독일 최고 경영자의 5%만이 동독 출신이다. 현재 수상은 동독 출신이지만 내각 장관, 대법원 법관, 일류 편집장, 상장회사 최고 경영인 중 동독 출신은 없다. 또한 인문과학과 사회과학 분야 교수의 95%가 서독 출신이다. 많은 동독인들은 구동독을 정리하는 과정이 불공평하고 일방적으로 이루어졌다고 생각하며 통일 후 22년이 지난 지금에도 여전히 차별을 받는다고 생각한다.[6]

통일 독일에서 나타난 문제에 대해 한국의 탈북민들도 같은 생각을 한다는 것을 주목할 필요가 있다. 북한사역목회자협의회 통일교육분과 자료에 의하면, 탈북민들은 남한 사람들의 문화 우월주의가 통일 후에 문제가 될 수 있을 것을 우려하고 있다. 또한 '북한이 남한의 식민지가 되는 것은 아닌가?', '무조건 남한 문화를 받아들여야 하는 것은 아닌가?', '북한의 문화를 하등문화로 인식하지는 않을까?' 등을 우려하고 있다.[7]

위에서 살펴본 바와 같이 통일은 분단의 끝이지만 새로운 문제의 시작이다. 독일은 통일된 지 30년이 넘었지만 아직 '하나' 되지 못한 상태에 있다. 모드로와 같이 그 원인을 통일 준비와 통일 과정의 문제라고 주장할 수도 있다. 하지만 좀 더 생각을 해보면 '통일 준비를 잘하면 문제가 안 생기는가?'라는 질문을 던질 수 있다. 물론 그렇지도 않다. 아무리 잘 준비해도 문제는 발생할 수 있다. 어쩌면 이런 갈등은 이질적인 두 사회가 통일을 이루기 위해 반드시 거쳐야 하는 과제라고 할 수도 있다. 그런데도 한반도에서 시행착오를 줄이고 더 좋은 통일을 이루기 위해 독일 통일에서 교훈 받을 필요가 있다. 그 교훈을 다음과 같이 정리할 수 있다. 첫째, 통일지상주의는 허구이다. 통일만 되면 모든 문제가 해결되고 좋은 일만 있을 것이라는 주장은 지양해야 한다. 둘째, 남한의 5천만, 북한의 2천 5백만, 디아스포라 5백만이 하나가 되는 통일은 복합적이기 때문에 다양한 변수를 고려해야 한다. 셋째, 전체 속에서 부분을 생각해야 하며 강자는 약자를 배려하고 약자는 강자의 처지를 이해하는 것이 필요하다. 마지막으로 통일에 대한 건강한 담론 형성이 필요하다.

이러한 점을 고려한다면 진영논리에 경도되지 않고 강자의 논리에 휩쓸리지 않으면서 한반도의 통일을 통해 평화와 번영의 시대로 이끌어갈 담론이 새롭게 정립되어야 한다. 오늘날 생태학적인 관점에서 통일에 대한 통찰을 얻고자 하는 생태학적 통일 담론이 필요한 이유가 바로 여기에 있다. 왜냐하면 생태와 통일은 인식론적 측면에서 상당한 유사성을 포함하고 있기 때문이다. 분단과 통일이 공동체 구성원 사이의 질서와 조화와 관련된 주제라면, 생태 위기와 회복도 생태계를 구성하고 있는 것들 간의 질서와 조화의 문제이다. 그런 관점에서 생태 위기에 대해 살펴보고자 한다.

III. 생태 위기

생태 위기는 산업화 사회의 부작용이 나타나면서부터다. 산업화, 도시화가 이루어지면서부터 인간은 생활을 위해 생산을 하기보다 돈을 벌기 위해 생산을 하게 되었다. 산업화와 도시화는 인간에게 편리함을 제공하면서 동시에 욕망을 채워주었다. 인간은 편리함과 욕망에 이끌리어 생산과 소비를 확대하였다. 하지만 무한정 확대할 수 있을 줄 알았던 과거의 상황이 바뀌었다. 자연이 파괴되고 자원이 고갈되며 환경이 파괴되었다. 이런 이상 현상이 나타날 때까지 산업화와 도시화는 인류의 꿈과 이상이었다. 하지만 이제는 생명을 위협하는 적이 되어 돌아왔다. 생태 위기는 생존권의 문제이면서, 동시에 인류가 추구하는 가치에 대한 반성의 계기가 되어야 한다. 행복할 줄 알았던 한 가정이 풍비박산되듯이 지구생태계가 갈등상황에 들어가고 있다.

1. 생태계의 개념

근대적 의미의 '생태학'이라는 용어는 에른스트 헤켈(Ernst Haeckel)
이 사용한 독일어 'Ökologie'에서 나왔다고 보는 것이 정설이다.[8] 생
태학이란 동물과 생물적인 그리고 비생물적인 외부 세계와 전반적
인 관계에 대한 연구이며, 한 걸음 더 나가서는 외부 세계와 동물 그
리고 식물이 직접 또는 간접적으로 갖는 친화적 혹은 불화적 관계에
대한 연구라고 볼 수 있다. 헤켈의 정의는 생물학자의 관점에서 규
정된 것이었지만 1970년대 이후 발달한 생태학은 생물학에 한정되
지 않는다. 그 범위가 생물과 무생물을 포함하며 생물과 무생물이
함께 살아가는 전 지구를 포함한다.

전 지구적인 관점에서 생태학에 대한 헤켈의 정의를 분석해보면,
'전체 지식', '전반적인 관계'라는 표현에 대해서는 긍정할 수 있지만
'외부 세계'라는 표현은 비판적으로 보아야 한다. 내부세계와 외부
세계를 구분할 경우에 존재하는 내・외간의 '차이'는 전체로서의 질
서와 조직을 이해하는 데 장애가 될 수 있다. '직접', '간접'이라는 표
현은 방해가 될 수도 있고 안 될 수도 있다. 왜냐하면 '직접', '간접'
이 함의하는 차이를 어떤 의도에서 규정하느냐에 따라 다를 수 있기
때문이다. '친화적', '불화적'이라는 표현 역시 생태학 이해에 장애가
될 수도 있고 도움이 될 수도 있다. 왜냐하면 친화적, 불화적이라는
것은 관점에 따라 다를 수 있기 때문이다. 다양성의 존재를 인정하는
범위 내에서 친화와 불친화라면 유용한 개념이다. 이런 이해의 선상
에서 다시 정리하면 생태계는 다양한 존재들이 질서와 조화를 이루
는 '우주'라고 할 수 있다. 인간도 자연도, 생물도 무생물도, 유기물도
무기물도, 지구도 천체도 모두 포함하는 의미에서의 우주다. 우주라

는 표현에서 가장 유의해야 할 것은 '제외되는 것이 아무것도 없다'라는 것에 강조점이 있다. 그렇다면 생태학은 우주라는 생태계에서 일어나는 질서와 조화에 대해 연구하는 학문이라고 할 수 있다.

생태학이 우주 전체를 연구하는 학문이라는 점에서 생태학적 세계관을 전체론(Holism)이라고 한다.[9] 전체론은 부분들에서 전체를, 전체에서 부분들을 이해하려고 노력한다.[10] 우주 전체를 유기적인 통일체로 이해한다.[11] 유기적 통일체라는 것은 통일성 속의 다양성을 함의하며 다양성과 통일성을 동시에 갖는 현상이 유기적이라는 의미다. 다시 말하면 이 관점 속에서 우주 전체는 질서와 조화 속에 움직이고 있다. 그런데 우주의 질서와 조화가 깨지고 있다. 질서와 조화가 깨지면서 환경오염, 지구 온난화, 기후변화가 나타났고 이것이 바로 생태 위기다. 생태 위기는 인류의 생존을 위협하고 있다. 인류는 생태 위기를 통해 생존의 위협을 인식하였고 해결책을 모색하는 과정에서 여러 가지 귀한 통찰들을 얻었다.

2. 생태 위기

생태 위기란 무엇일까? 질서와 조화가 깨지면서 발생한 생태 위기는 생태계 내에서 일어나는 관계의 위기다. 매클로스키(H. J. McCloskey)는 생태 위기의 발견을 생태학의 발견 덕택이라고 주장한다.

> 생태학이 발견한 것을 주목하지 않은 결과 우리는 '생태 위기'(ecological crisis), 즉 인간이 향유하고 있는 삶의 질(質)뿐만 아니라, 인류의 생존 자체를 위협하는 위기에 빠져들고 있다… 또한 우리가 인류는 멸종 위기에 처하거나 아니면, 적어도 그러한 위기에 처할지도

모르는 종족이라는 점을 분명하게 알게 된 것도 이러한 생태학적 발견 덕택이라고 말할 수 있다.[12]

생태 위기는 생태문제의 출발점이다. 왜냐하면 생태 위기로 인간 생존이 위협을 받고 있기 때문이다. 이 위협은 그 위협의 범위가 전 지구적이기에 더욱 위중하다. 인간이 지구를 떠나 다른 행성으로 이주할 수 있지 않는 한, 생태 위기는 반드시 해결해야 할 생존의 문제인 것이다. 이렇게 위중한 생태 위기를 위기로 인식한 것은 생태학의 공헌이다. 생태학이 아니었으면 문제의 본질을 제대로 파악하지 못했을 것이다. 생태학은 이를 전 지구적인 생존의 위협으로 인식하게 만들었다.

생태 위기는 자원의 고갈과 환경오염으로 나누어 볼 수 있다. 자원의 고갈은 생존의 재료가 없어지는 위기이고 환경오염은 못 쓰게 되거나 독성화되는 문제이다. 자원의 고갈과 환경오염은 생태 질서와 조화가 깨진 것이라고 할 수 있는데, 그것을 반영하는 대표적인 현상이 기후변화와 지구의 온난화다. 생태계는 오염을 정화하고 회복시키는 능력이 있는데, 그 오염이 정화와 회복의 능력을 넘어설 때, 생태계는 무질서와 부조화를 일으키며 생존을 위협하는 무서운 것이 된다.

1) 자원고갈

자원은 인류의 생존과 경제활동의 기초다. 그 자원은 재생가능 자원(Renewable Resources)과 재생불가능 자원(Nonrenewable Resources)이 있다. 재생가능 자원이란 물고기, 삼림처럼 채취하고 소비하여도 시간이 지나면 회복되는 것들이다. 다만 치어까지 남획하는 것처럼 자연이 가진 회복력을 넘어서는 소비는 재생가능 자원의 양을 줄이거나 고갈시킬 수 있다. 재생불가능 자원은 석유, 석탄과 같은 지하자원이다. 지하자원은 매우 오랜 동안 지구가 만들어 낸 자원으로서 인간이 소비하면 재생을 기대할 수 없는 자원이다. 재생불가능 자원의 경우 1976년의 세계 에너지 사용량을 기준으로 할 때, 앞으로 약 645년을 더 사용할 수 있으나 만약 연평균 2%의 성장이 계속된다면 133년, 5%의 성장률이라면 70년 이내에 고갈될 것이 전망된다.[13] 그래서 인류는 대체 에너지를 찾는데 열심이다. 인류가 대체 에너지로 추구하고 있는 것들에는 태양광 발전, 풍력발전, 바이오에너지 등등이 있다. 대체 에너지의 특징은 고갈되지 않으면서 환경오염을 일으키지 않는다는 것이다.

자원고갈 문제는 인류에게 유익을 주던 자원이 없어진다는 뜻이다. 기존의 자원이 없어지면 다른 자원을 발굴하면 문제가 해결되는 것인가? 그렇지 않다. 다른 자원도 언젠가는 고갈되기 때문이다. 자원고갈 문제는 고갈하지 않는 대체 에너지를 발굴하는 것으로 끝나지 않으며 자원에 대한 가치관의 점검으로 이어진다.

첫째, 자원은 인간의 필요를 채우는 도구라는 가치관이다. 자원을 도구로 바라보면 자원의 가치는 인간의 도구로서의 가치만 갖는다. 이와 같은 관점은 인간 중심적 사고에서 유래한다. 인간 중심으로 생각하면 자원을 파괴해도 문제가 되지 않는다. 자원을 파괴해서 부를 많이 창출하고 인간의 욕망을 채우면 잘하는 것으로 본다. 결국 자원을 인간의 도구로 생각하는 가치관으로 인하여 자원이 고갈되는 상황에 봉착하였다.

둘째, 자원을 존중하는 가치관이다. 광물이나, 석유 같은 자원은 오랜 지구 역사의 산물이다. 그러면 광물이나 석유로 변화된 재료들이 있었고, 재료들이 변화된 작용과 시간이 있었다. 그리고 이제는 광물이나 석유의 모습으로 지구에 존재한다. 광물이나 석유 같은 자원은 많은 지구 이야기들을 품고 있고 여러 것들과의 연관 속에 존재한다. 그렇다면 '자원 그 자체와 그와 관련된 것들, 그것들의 이야기와 시간, 그런 것들과 교감하면서 살 수는 없을까?', '그 자원들이 인류의 필요를 위해 자신을 사용하도록 허용할 때, 고맙고도 감사하다고 하면 어떨까?' 등의 질문을 던져 보아야 한다.

셋째, 질서와 조화의 가치관이다. 생태계에 홀로 독존하는 존재는 없다. 모두 연관되어 있다. 식물, 동물의 먹이 사슬만이 아니라, 공기의 흐름, 물의 흐름이 모두 연관되어서 산도 그런 모양으로 거기 있고, 계곡도, 물도, 미생물도, 동식물도, 인간도, 하늘의 해, 달, 별들도 그런 모양으로 거기 있는 것이다. 생태계는 모든 존재가 서로 어울려서 질서와 조화를 이루고 있다. 이런 전체론에 따르면, 전체 속에서 개체를 보고 개체 속에서 전체를 보면서 모든 존재가 질서와 조화를 이루며, 그 안에서 일어나는 모든 활동이 질서와 조화를 존중하면서 이루어진다. 이런 가치관 속에서 자원을 활용했다면 자원이 고갈되는 일은 없었을 것이다. 대체 에너지, 바이오에너지, 신재생에너지를 개발할 때도 자원에 대한 건강한 가치관은 건강한 에너지를 찾도록 이끈다.

2) 환경오염과 기후변화

환경오염은 일차적으로 국지적 현상처럼 보인다. 그러나 환경오염이 지구의 자정 능력을 넘어서면서 전 지구적 기후변화를 일으킨다. 기후변화는 국지적인 자연재해로 나타나기도 하지만 전 지구적 기후변화와의 관계 속에서 대처해야 해결책을 찾을 수 있다. 환경오염은 대기오염, 수질오염, 해양오염, 토양오염 등이 문제가 되고 있다. 환경오염은 인간의 삶의 질을 넘어서 질병의 원인이 되고 있고 목숨을 위협하고 있다. 환경오염도 국지적으로 일어나기도 하고 전 지구적으로 일어나기도 한다. 환경오염은 어떻게 일어나는가? 지질학적 요인에 의해 환경오염이 일어나기도 하는데 이것은 어쩔 수 없다. 하지만 인간이 일으키는 환경오염으로 인하여 자연재해가 일어나고 생태계의 질서가 파괴되어 결국 인간의 생존이 위협을 받는다면 반성해야 한다.

2007년 11월 17일 자 IPCC 종합보고서는 아프리카, 아시아, 오스트레일리아, 뉴질랜드, 유럽, 남아메리카, 북아메리카, 극지방, 소규모 도시 지역에서 나타나는 기후변화에 대해 보고하고 있다.14) 이 보고서는 모든 대륙에서 기후변화와 환경 파괴가 일어나고 있음을 보여주고 있다.

아프리카에서 2020년경 7500만 명에서 2억 5000만 명의 인구가 기후변화로 수자원 부족에 노출될 것이다. 2020년경 일부 국가에서는 천수농업 생산량이 50% 이상 줄어들 것이다. 아시아에서 2050년대에 해안지역과 특히 대규모 주민이 분포하는 남아시아, 동아시아, 동남아시아의 대형 삼각주는 해수 범람 증가, 그리고 일부 대형 삼각주에서는 강의 범람 증가로 아주 큰 위험에 노출될 것이다. 홍수와 가뭄과 관련된 설사병이 원인인 풍토병 유병률과 사망률이 동아시아, 남아시아, 동남아시아에서 증가할 것이다. 오스트레일리아와 뉴질랜드에서 2030년경 가뭄과 화재 증가로 오스트레일리아 남부와 동부, 그리고 동부 뉴질랜드의 거의 모든 지역에서 농업과 임업 생산량이 줄어들 것으로 보인다. 유럽에서 일부

산악지역에서는 빙하가 유실되고, (2080년경 온실가스 과다배출, 시나리오상으로 60%의 생물 종이 멸종하는 등) 생물 종들이 대규모로 사라질 전망이다. 남아메리카에서는 금세기 중반, 동부 아마존 유역에서 온도 증가와 토양수 감소로 열대우림 지역은 초원지대로 점차 대체될 것으로 전망된다. 북아메리카에서 이번 세기에 폭염을 경험한 도시들이 훨씬 더 늘어날 것으로 전망된다.[15]

이처럼 환경오염에 의한 자연재해는 국지적으로 일어나고 있는 것 같지만 5대륙에서 전 지구적으로 나타나고 있으며 그 위험성은 점점 높아지고 있다. 한편, 지구 온난화에 의한 기후변화는 국지적인 원인들이 임계점을 넘으면서 지구적 문제화하여 오염 원인을 제공하지 않은 다른 곳에서도 재앙을 일으키고 있다. 따라서 지구 온난화에 의한 환경재앙은 전 지구적인 협력과 대응이 없으면 해결할수 없는 문제로 부각되었다. 여기서 배워야 하는 교훈은 지구 전체가 하나의 공동체라는 것이며 공동체 안에는 인간도, 동물도, 생물도 무생물도 포함되어 있다는 것이다. 전 지구적으로 광범위하게 일어나면서 인류의 생존을 위협하고 있는 생태 위기의 원인을 안다면 그 해결책도 찾을 수 있을 것이다.

IV. 생태계 위기의 원인

생태 위기의 원인을 살펴보는 목적은 원인을 통해 위기의 성격을 파악하기 위함이다. 생태 위기의 원인은 복합적이다. 그 복합적 원인들은 별개로 작용하는 것이 아니라 상호 연관되어 있다. 그 이유는 지구상에 존재하는 모든 것들이 개별적 성격도 갖고 있지만 반드시 공동체적 성격도 갖고 있기 때문이다. 생태 위기는 적어도 기후적 원인, 자연적 원인, 사회적 원인, 철학적 원인들이 상호작용한 결과이다. 이 네 가지 개념들은 각각 하나의 원인이라기보다는 범주(category)이자 가치관이라고 할 수 있으며 각각의 범주 안에 여러 원인이 복합적으로 작용한다. 생태 위기의 원인들로서 기후적 원인, 자연적 원인, 사회적 원인, 철학적 원인 등 네 가지에 대해서 살펴보고자 한다.

1. 기후적 원인

기후(Climate)란 한 지역에서 오랜 동안에 걸쳐 나타나는 일기조건(Weather Condition)을 말한다.[16] 기후가 생태 위기의 원인이 된다는 것은 한 지역의 기후변화가 그 동안의 평균치에서 벗어나는 것과 그 변화가 생태에 위협이 된다는 것을 의미한다. 기후변화란 지구 온난화, 해수면 상승, 홍수, 가뭄, 태풍의 동시적 발생, 이로 인한 기근, 질병, 멸종, 전쟁, 환경 난민 등 수많은 지구적 재앙을 포함한다. 이 중에서도 지구 온난화는 기후변화의 가장 대표적인 현상이다.[17]

지구 온난화는 대기 중의 온실가스가 지구 표면의 열을 흡수함으로써 지구 온도가 상승하는 것을 의미한다. 지구 열선을 흡수하는 대기 중의 가스는 온실가스로서 수증기, 이산화탄소, 메탄, 아산화질소, 프레온 가스, 그리고 오존을 들 수 있다. 특히 지구 온난화에 가장 큰 영향을 주는 대기 중의 온실가스는 이산화탄소, 메탄, 그리고 아산화질소다. 지난 2세기 동안 이산화탄소와 아산화질소는 25%, 메탄은 3배 증가했다. 가장 큰 영향을 미치는 것은 이산화탄소다.[18] 2007년 IPCC 4차 보고서에 의하면 21세기 안에 지구의 평균 온도가 섭씨 4.5도에서 6도로 1.5도 상승할 경우, 대양은 푸른색으로 변하여 생물이 살 수 없고, 대륙은 사막화가 급속히 진행되고, 자연재해는 일상화되며, 지구의 생물은 거의 사라지게 된다고 한다. 이런 지구적 재앙을 피하려면 2050년까지 현재의 이산화탄소 배출량의 80%를 감소시켜야 한다고 한다.[19)]

2. 자연적 원인

생태 위기의 자연적 원인은 자연환경의 파괴를 말한다. 자연환경의 파괴는 돈을 벌기 위해 자연을 파괴 혹은 변형시킴으로 생태계의 질서와 조화를 파괴하는 것과 생산성 향상과 생산비용 절감을 위해 자연을 파괴하는 것, 산업 활동으로 자연을 파괴하는 것, 그리고 소비에 의해서 일어나는 쓰레기 등 소비 후 뒤처리의 소홀과 과도한 쓰레기양에 의해 자연이 파괴되는 것 등이다.

먼저, 자연지형의 변화를 보자. 1850년 이후 22억 에이커의 땅이 인간에 의해 개조되었다. 자연 생태계에 대한 이런 개조 작업은 삼림 벌채, 배수 또는 습지 간척, 목초지 조성 등에 의해 이루어진다. 현재 진행 중인 가장 큰 개조는 매년 2천 5백만 에이커(인디애나주 크기)씩 열대림 벌채다. 베어진 나무들은 합판과 화장지를 생산하는 데 사용되고 육우를 키우기 위한 목초지 조성에 사용된다. 미국에서는 농경지 4억 에이커 중 매년 3백만 에이커가 도시용으로 전환된다.[20)] 이처럼 생산과 소비에 의해서 자연이 파괴되고 있다.

인간은 산업 활동을 위해 약 7만 개의 화학물질을 새로 만들었다. 이들 중 일부는 지구상의 생명체들을 위협한다. 이것들은 살충제, 제초제, 살조제, 살균제로 사용된다. 이런 것들은 일차적으로 산업 활동을 용이하게 하지만 이차적으로는 자연을 파괴하고, 인간의 생명을 위협한다. 또한, 산업용, 상업용, 생활용품을 생산하는 과정에서 환경파괴가 일어나고, 상품을 사용한 후에 발생하는 쓰레기가 또 환경을 파괴한다.[21] 자본주의 사회에서 정상적임은 물론 사회가 추구하는 공적 가치인 생산과 소비는 일부 자본가들에게 성공이라는 기쁨을 안겨주었다. 그러나 그 과정에서 인간에 의해 일어나는 환경 파괴, 난개발, 쓰레기 및 부산물들은 생태 위기를 가속하고 있다.

자연 파괴는 대부분 상품 생산과 밀접한 관련이 있다. 저비용을 들여서 많은 상품을 생산하려고 자연을 파괴하는 것이다. 자연은 착취의 대상이 아니라 공존의 파트너인 것이다.

3. 사회적 원인

생태 위기의 사회적 원인은 자본주의의 소비문화라고 할 수 있다. 자본주의가 소비를 강조하는 것은 자본을 축적하기 위해서다. 자본주의 산업 광고는 물건을 많이 살수록 행복이 온다고 설득하고 있다. 유행, 업그레이드, 신모델 출시 등을 통해 끝없는 소비를 유도한다. 미국의 거대산업들은 2003년에만 상품과 서비스를 더 많이 소비하도록 유혹하는 광고에 545억 달러 이상을 지출했다. 1995년에 미국 성인은 평균 2만 1천 번의 텔레비전 광고를 시청했다. 2007년 전 세계적으로 2,980억 달러 이상이 광고비로 지출되었다.[22]

자본주의는 상품의 생산과 판매에 있어서 그 한계가 없다. 소비자들도 더 좋은 상품을 원하고, 그로 인하여 얻는 기쁨을 멈출 생각이 없다. 이 상태를 계속 유지하는 한 상태 위기는 가속화된다. 산업혁명 이후 인류는 자본주의의 가치에 따라 살았다. 그런데 그 자본주의가 생태를 위협하고 있다. 결국 생산과 소비를 줄여야 한다. 그러려면 자본주의가 아닌 다른 가치를 찾아야 한다. 인류가 사회적으로 공감하는 새로운 가치를 찾지 않는 한 생태 위기는 계속될 것이다. 생산과 소비를 줄이는 것은 불가능해 보인다. 현재의 인류는 경제의 저성장은 받아들일 수 있어도 마이너스 성장은 받아들일 수 없다.

그런데 주목할 만한 일이 일어났다. 우리는 2020년에 지구의 환경이 급격히 좋아지는 경험을 했다. 극지방의 오존층이 복원되고, 매연과 미세먼지가 사라진 하늘을 보았다. 이것은 COVID-19로 인하여 공장이 멈추고 비행기가 날지 않았기 때문이다. 이것이 주는 교훈은 지구의 생태 복원능력이 우수하다는 것과 생산과 소비와 교통이 멈추면 생태문제는 쉽게 해결된다는 것이다. 그렇다면 그 동안 지구 온난화를 위해 치열한 싸움을 하면서 생태 위기는 정말 어려운 문제라고 생각한 것을 재점검해야 할 것이다. COVID-19는 생태계 보존과 함께하는 '새로운 기준'(New Normal)을 찾을 수 있는 좋은 기회다. COVID-19를 극복한 이후 다시 생태 파괴적인 생활로 돌아간다면 인류는 정말 좋은 기회를 놓치는 것이다.

4. 철학적 원인

생태 위기는 자연현상으로 나타난다. 그러나 자연현상의 생태 위기는 자본주의에 기초한 사회 시스템이 만들어 내는 것이다. 자본주의에 기초한 생태 위기의 원인은 인간의 욕망이라고 할 수 있다. 야고보 제1장 15절은 욕망을 죄의 원인으로 제시하고 죄는 사망에까지 이른다고 기록하고 있다. 마태복음 제6장 24절과 누가복음 제16장 13절에서 예수 그리스도는 재물에 대한 욕망을 하나님을 위협하는 것으로 제시하고 있다. 자본주의는 인간의 욕망을 자극하여 상품을 구매하게 한다. 자본주의 시장의 광고의 원칙은 욕망을 자극하는 것이다.

욕망은 자기중심적이다. 자기 중심성은 자기를 중심에 두고 타인을 주변화시킨다. 중심에 있는 자기를 목적으로 두고 주변에 있는 타인은 목적을 이루기 위한 도구로 전락시키는 것이다. 그 도구를 이용하여 자기 중심성을 실현한다. 자기 중심성에 의해 만들어낸 결과는 이윤으로 설명되며 이윤은 효율성으로 측정된다. 결국 효율성이 높은 것은 좋은 것이 되며 효율성에 방해가 되는 것은 나쁜 것이다. 이 효율성에 의해 노동자는 도구화되고 자연은 파괴되며 파괴된 자연은 생태 위기로 다시 인간에게 위협으로 돌아온 것이다.

생태학이 주목하는 것은 자본주의의 이윤추구의 근거가 되는 철학적 요인이다. 이윤추구는 욕망의 표현이며 이기주의적 자기 중심성을 갖는다. 이런 원인이 자본주의의 철학적 원인으로 작용하면서 상품 생산과정과 소비촉진과정에서 환경 파괴를 일으켰다. 안타깝게도 환경 파괴가 전 지구적으로 나타나면서 인류는 생태에 대해 관심을 두게 되었다. 이제는 생태가 중요한 가치가 되었다. 그런데, '생태적 가치와 자본주의의 이윤추구가 같은 철학적 근거에 의해 같은 목표를 지향할 수 있느냐?'라는 의문이 든다. 그 외에도 '정치권과 자본가가 중심이 되는 생태 운동이 생태적 가치를 반영할 수 있을까?', '혹시 생태 운동도 이윤추구라는 가치에 근거하고 있지 않은가?', '생태의 파괴가 자본주의의 이윤추구에 의해 나타난 결과라고 한다면, 같은 자본주의에 의해 건강한 생태적 가치라는 다른 결과를 만들어낼 수 있을까?'와 같은 질문이 제기된다. 그러므로 자본주의적 가치관을 배경으로 하는 환경운동은 그 실효성에 대해 보다 엄밀한 검토

가 필요하다.[23)]

　이상에서 생태 위기의 원인을 네 가지 살펴보았다. 첫 번째와 두 번째 원인인 기후적 원인과 자연적 원인은 물질적, 현상적 원인이다. 세 번째와 네 번째 원인인 사회적 원인과 철학적 원인은 가치관적 원인이다. 생태 위기에 직면한 인류는 탄소제로를 만들과 자연 환경 파괴를 줄이려고 국제회의를 하고 법과 제도를 만드는 등 다각적인 노력을 기울이고 있다. 생태 문제에 인류가 공감하고 함께 노력하는 것은 고무적이다. 하지만 소비문화와 욕망, 이기심을 제어하지 못하면 효과를 볼 수 없을 것이다. 여기서 '제어'라는 것은 지구의 자정능력을 기준으로 한다. 하지만 궁극적으로는 생태 파괴적 가치관인 소비와 욕망과 이기심을 폐기하고 생태 정의적 가치관의 정립을 실현해야 한다. 소비와 욕망과 이기심은 현재의 경제를 뒷받침하는 힘이다. 경제를 중심에 두고 있는 인류가 이것들을 버리는 것은 불가능할 것 같다. 하지만 이것들을 포기하지 못하면 생태 위기 해결을 위한 모든 시도는 딜레마에서 벗어나기 어려울 것이다. 그래서 생태적 통찰들을 몇 가지 살펴보며 딜레마에서 벗어나 생태 정의를 정립하기 위한 담론을 모색하고자 한다.

V. 생태학적 통찰

1. 생태적 창조관

　1967년 린 화이트(Lynn T. White, Jr.)는 「생태적 위기의 역사적 기원」(*The Historical Roots of our Ecological Crisis*)이라는 논문을 발표했다.[24] 화이트는 기독교 창조신학이 인간의 생태계 지배와 착취의 토대를 제공했다고 주장했다.[25] 화이트는 창세기 제1장 26-28절을 해석함에 있어서 하나님의 형상을 하나님의 대리자로서 모든 피조물들의 지배자로 해석하는 것에 이의를 제기했다. 화이트에 따르면, 제1장 28절의 '다스리라'라는 단어와 제2장에서 아담이 동물들에게 이름을 부여하는 것을 하나님의 형상으로 지음 받은 하나님의 대리자로 풀어 낸 해석은 서구 기독교문화권에서 자연과학의 발달과 생태 파괴의 정신적 근거를 제공하였다. 이후 창조신학에 대한 관심이 높아졌고, 지배-피지배의 구조에서 벗어나 인간과 자연과 하나님에 대한 관계를 새롭게 보는 연구들이 시작되었다는 점에서 화이트는 생태 신학을 촉발하는 데 상당히 기여하였다.[26]

하나님의 형상대로 지음 받은 인간을 자연에 대해 우월적 존재로 해석하는 모습은 장 칼뱅(Jean Calvin)에게서 나타난다. 칼뱅은 그의 창세기 주석 중 제1장 26절의 '다스리게 하자'를 주석하면서 "하나님께서는 인간을 세상의 주인으로 정하신 것은 사실이다"라고 하였다.[27] 칼뱅이 하나님의 형상대로 지음 받은 인간을 다른 피조물보다 우월적 지위에 있는 존귀한 존재로 해석한 것은 분명하다.[28] 그러나 이것이 전부가 아니다. 칼뱅은 제1장 28절의 '정복하라'를 주석하면서 두 가지를 말한다.[29] 첫째, 땅이 인간에게 종속되었다. 인간은 하나님에 의해 그 권리를 소유하게 되었다. 둘째, 권리 사용의 기준을 제시하였다. 칼뱅은 이렇게 쓰고 있다. "중요한 사실은 하나님께서 허락하지 아니하시면 하나님의 풍요하심을 결코 맛보지 못한다는 것이다. […] 또한 하나님의 선물을 사용할 때에도 하나님의 선하심과 부성적인 돌보심을 항상 생각하면서 행동해야 한다." 이것은 하나님의 선하심과 돌보심을 벗어난 정복과 다스림을 허용하지 않으셨다는 의미다. 결국 칼뱅은 하나님께서 인간을 아주 소중하고 존귀한 존재로 창조하셨음에 주목하고 있고 전체 피조물과의 관계에서도 우월적 존재임을 말하고 있다. 하지만 칼뱅은 우월적 지위의 남용은 허용하지 않았다.

칼뱅의 주장과 화이트의 주장은 모순되는가? 화이트는 인간의 우월적 지위에 반대하지만 칼뱅은 인간의 우월적 지위를 인정한다. 대신에 칼뱅은 우월적 지위의 남용에 반대한다. 칼뱅과 화이트의 주장은 일부 일치하면서 일부 대립하는 것처럼 보인다.

화이트는 그의 논문에서 생태 신학적 관점에서 아시시의 프란치스코(Francesco d' Assisi)의 사상을 소개한다. 프란치스코의 의견은 인간과 자연은 평등 관계라는 것이다. 인간과 자연은 우열의 관계가 아니라는 것이다. 하지만 화이트는 그의 논문에서 그다음 단계로 나아가지 않았다. 본 저자는 이 점이 유감스럽다. 평등 관계 그다음에는 인간과 자연의 가치가 동등하고 역할은 다르다는 것이 강조되어야 한다. 이에 대한 성경의 증거를 찾아보자.

먼저, 하나님은 자연에 존재하는 약육강식의 관계를 문제 삼으신다. 이사야 제35장에 나타난 하나님께서 꿈꾸시는 회복된 모습을 보면 약한 손을 강하게 하며 두려움이 없어지고 맹인의 눈이 밝아지고 사나운 짐승이 없는 평화를 묘사하고 있다. 여기에는 전횡적인 지배와 피지배 관계가 없다. 두 번째, 하나님은 개체들 간에 역할의 차이를 인정하면서 서로 협력하는 관계를 말씀하신다. 고린도전서 제12장의 교회론에 나타난 지체들의 유기적 통일성을 보면 지배와 피지배 관계가 없고 우월적 관계도 없다. 각자 하나님이 정해주신 직분으로 합력하여 선을 이루는 모습을 보여준다. 세 번째, 예수님은 섬김을 강조한다. 마태복음 제20장에 보면 예수님은 크고자 하는 자를 비판하며 자신은 섬기는 자로서 오셨다고 말한다. 예수님은 지배자를 비판하고 섬기는 자를 존중하였으며 지배와 피지배라는 가치를 배제하였다.

화이트가 제기한 자연에 대한 인간의 우월적 지배의 문제는 논란의 여지가 많다. 하지만 그가 논문에서 주장한 프란치스코의 평등은 의미가 있다. 칼뱅이 주장하는 인간의 우월적 지위는 시대적 한계를 보이지만 지위 남용을 경계한 해석을 고려하면 가치의 동등과 역할의 차이라는 측면에서 현대적으로 재해석될 수 있다.

2. 심층 생태학

1972년 노르웨이 철학자 아른 내스(Arne Naess)는 '심층 생태론'(Deep Ecology)이라는 개념을 제시하였다.[30] 내스는 자연을 인간을 위한 가치의 측면에서 바라보는 것을 '표층 생태론'(Shallow Ecology)이라고 규정하면서 표층 생태론은 자연을 인간의 목적에 봉사하기 위해서만 존재하는 것으로 보는 서구의 인간 중심적 견해라고 평가하였다. 그리고 인간과 창조물의 적절한 관계를 위해서는 심층 생태학이 필요하다고 주장했다. 내스의 심층 생태론은 두 가지 규범을 제시했다. 첫째, 인간만이 아니라 우리 환경의 모든 구성 요소의 정체성을 인정해야 한다. 왜냐하면 창조 안에 있는 모든 것들은 가치를 갖고 있기 때문이다. 둘째, 모든 존재, 즉 생태계 내의 모든 구성 요소와 개인들의 평등을 수용해야 한다. 모든 구성 요소는 동등한 관계에 기초한 상호연관성, 동등한 권리를 부여해야 한다.

심층 생태론이 기여한 것은 창조 안에 있는 모든 요소의 유용성과 가치를 발견하고, 요소들 간의 상호연관성과 평등을 주장한 것이다. 심층 생태학의 장점은 단순한 친환경적 생활방식으로의 변화가 아니라 철학적 혹은 종교적 가치 체계에 의한 생태학의 필요성을 제시한 것이다. 공동체 안에서도 개체 하나의 가치가 존중되며 그 개체들의 가치는 위계적이지 않고 평등하다는 것은 통일신학에서도 중요하게 다루어져야 한다.31)

3. 가이아 가설

1979년 영국의 과학자 제임스 러브록(James Lovelock)은 '가이아 가설'(Gaia Hypothesis)을 세웠다. 그는 지구가 하나의 전체로서 단일한 유기체로 작동한다는 것을 발견했다. 그는 자신의 이론에 그리스신화에 나오는 대지의 여신인 '가이아'라는 이름을 명명했다. 가이아 가설은 지구 안의 개별적인 유기체들 사이에 존재하는 복잡한 관계에 대해 더 많은 것이 발견될수록 더 큰 설득력을 얻었다. 예를 들어, 인간의 몸 안의 염분 비율이 바다의 염분 비율과 같다는 것이다. 인도의 환경운동가이지 신학자인 켄 그라나칸(Ken Gnanakan)은 『환경 신학』에서 이를 하나님이 지구의 흙으로부터 인간을 창조하신 데에는 무언가 실제적인 것이 있을 것으로 보았다.32)

이 가설의 가장 큰 장점은 인간의 육체를 포함한 지구 전체가 유기적으로 하나라는 것을 과학적으로, 화학적으로 검증하는 것들이 상당한 신뢰를 보여준다는 것이다. 나아가 생태학적 주제를 영적으로 해석하는 여지를 제공했다.33) 레오나르도 보프(Leonardo Boff)는 생태계에 신비적 의미를 부여하는 것에 대해 그의 저서『생태 신학』에서 다루었으며,34) 몰트만은 생태 신학적 창조론에서 일부 다루고,35) 성체적 성령론에서 본격적으로 다루었다.36)

4. 성육신적 생태 신학

샐리 맥페이그(Sallie McFague)는 기계론적 세계관과 헤게모니적 인간관을 인간과 자연을 파괴하여, 기후변화의 위기를 심화시킨 주요 원인이라고 생각하고, 자신의 신학적 콘텍스트를 개인과 사회를 넘어 지구공동체, 창조 세계까지 확장해야 한다고 주장한다. 맥페이그는『하나님의 몸』,『풍성한 생명체』,『기후변화와 신학의 재구성』에서 하나님과 세계의 유기적 관계성을 성육신 개념으로 설명한다. 그녀는 기독교 역사의 대표적 신론인 이신론적, 대화적, 군주적, 행위자, 성육신적 모델을 통해 하나님과 세계의 관계를 제시했다.37) 첫째, 이신론적 모델은 하나님과 세계를 시계공과 시계의 관계로 본다. 그래서 하나님과 세계는 주체와 대상이라는 주객 이원론으로 설정된다. 세계는 시계처럼 자체 원리에 의해 움직인다. 둘째, 대화적 모델은 하나님과 세계의 관계를 하나님의 말씀과 인간의 응답이라는 인격적 관계로 해석한다. 하나님과 인간의 상호작용이라는 장점이 있지만 이 모델에서는 자연이 소외되어 있다. 셋째, 군주적 모델은 하나님과 인간의 관계를 전능한 왕과 충성스러운 백성으로 보기때문에 명령과 복종의 관계로 이해한다. 이 모델에서는 하나님의 초월성이 강조되지만 여기서 인간의 위계적 태도가 허용된다는 점이 문제다. '하나님-인간-자연'의 위계 구도가 형성되어 하나님은 인간을 다스리고, 인간은 자연을 다스리는 구도가 된다. 넷째, 행위자 모델은 하나님을 세계의 창조자, 구원자, 유지자로 이해한다. 이 모델은 하나님의 의도에 초점이 맞춰져 있기 때문에 창조 세계 자체에 대해서는 관심이 없다. 예를 들면, 세상을 사랑하시는 하나님은 강조되고, 사랑의 대상이 된 세상엔 관심이 없는 것이 문제다. 다섯째, 성육신적 모델은 자신의 몸인 세계를 돌보며 생명력을 주시는 영으로서의 하나님을 강조한다. 이것은 성육신을 통해 세계를 하나님의 몸으로 보며 하나님과 세계의 이원론을 거부하고 세계는 하나님 안에, 하나님은 세계 안에 현존하시지만 세계는 하나님과 동일하지 않음에 초점을 둔다. 또한 창조 세계는 하나님의 영이 거하시는 하나님의 몸으로 인식한다는 점에서 범신론과 다르지만 만유재신론으로 분류된다.[38]

맥페이그는 하나님과 세계의 유기적 관계성을 성육신 개념을 통해 설명한다. 가이아 가설이 동양의 사상에 대한 적극적 수용에 기반을 둔 것이라면 맥페이그의 성육신 개념은 기독교적이다. 기독교 역사의 대표적 신론인 이신론적, 대화적, 군주적, 행위자 모델을 통해 하나님과 세계의 관계를 설명하면서 성육신적 모델의 의미를 정립한 것도 맥페이그의 공헌이다. 또한 하나님과 세계의 관계를 개체성과 공동체성의 관계에서 해석하는 것도 돋보인다.

5. 생태적 해방신학: 만유재신론을 중심으로

해방신학자로 알려진 보프는 1994년 『땅의 가치, 생태학-정치-신비』라는 책을 출판하면서 해방신학에 생태학의 주제를 포함했다.[39] 보프의 생태적 해방신학에서 주목할 것은 만유재신론(Panentheism)이다. 보프는 만유재신론과 범신론(Pantheism)을 구별한다. 범신론은 모든 것이 신이며, 모든 사물은 신의 다른 모습이다. 모든 사물은 신이기 때문에 사물로서의 자율성을 갖지 않는다. 원에너지, 원자, 돌, 산, 별, 인간 등 모두가 신의 일부로서 의미와 가치를 갖는다.[40] 반면에 만유재신론에서 하나님과 피조물들은 서로 밀접한 관련이 있으나 동시에 서로 구별된다. 모든 것은 신이 아니며 모든 것 안에 신이 있을 뿐이다. 모든 것 안에 신이 현존하기 때문에 하나님은 개개의 현실을 자신의 신전으로 삼으신다.[41]

　보프는 만유재신론에 근거하면 최고의 애정으로 우주를 껴안을 수 있다고 주장한다. 그리고 만유재신론에서 하늘과 땅을 하나로 묶을 수 있는 통합적이고 전체론적인 새로운 영성이 태어난다고 주장한다. 보프는 하늘과 땅을 하나로 묶는 전체론을 성령의 편재성으로 이해한다. 성령의 편재로 통합된 세상 전체는 하나님을 숭앙하는 곳이고 하나님과 만나는 집이라고 본다.[42] 이처럼 보프의 생태 신학적 만유재신론에서 주목할 것은 하나님과 세상을 구별하면서 동시에 하나님이 우주의 모든 존재에 편재하시기 때문에 모든 개체는 개체적 가치를 갖지만 동시에 모든 존재는 전체론적으로 연결된다는 점이다. 보프는 만유재신론을 통해 생태학적 해방신학을 제시하였다. 만유재신론은 보프로 하여금 지배계급의 시각이 아니라 지배계급과 피지배계급 모두와 함께하시는 하나님의 시각에서 세상을 보게 하였고 피지배계급의 고통에 귀를 기울이고 그들을 고통에서 해방해야 한다는 당위성에 도달하게 하였다. 물론 보프는 피지배계급의 해방만을 주장한 것이 아니다. 그는 하나님의 임재 안에서 모든 우주 전체가 하나의 유기체이기 때문에 우주 전체에서 구성원 모두가 존중받아야 한다고 강조하였다.

VI. 생태와 통일

생태에서 배우는 통일은 학제 간 연구다. 이미 기존 연구들 중에
는 생태학과의 학제 간 연구를 통해 통찰을 공유하는 작업이 많이
있다. 안네 프리마베시(Anne Primavesi)는 생태 여성 신학을 "여성
신학적 시계에서 생태적 패러다임을 적용하는 것"이라고 했다.[43] 프
리마베시의 여성 신학은 남성과의 관계에서 지배와 착취의 관계를
상호 지지의 관계로 바꾸는 것으로서 생태 신학을 통해 그 근거를 확
보하려고 하였다. 생태 신학은 상호관계에 대한 통찰력을 제공하는
데, 그녀는 이 장점을 잘 활용한 것이다. 해방신학에서도 생태학적
통찰을 공유하였다. 보프는 1994년 『땅의 가치, 생태학-정치-신비』에
서 다음과 같이 역설하였다.[44]

> 가난은 우리의 가장 큰 환경 문제다. 환경 문제가 부자들의 의식과
> 양심에서 발생했지만[…] 우리는 인간과 자연의 이해관계 안에서,
> 주로 위협받고 있는 인간과 피조물 전체의 시각에서 출발하여 환
> 경 문제를 다르게 제기하고 다르게 풀어야 한다[…] 환경오염은
> 80%는 거의 지구 북반구에 있는 산업 국가들의 책임이다.[45]

> 흑인은 라틴계 백인과 화해할 수 있고, 인디언은 기술 문명의 사람
> 과, 여자는 남자와 화해할 수 있다. 그러나 현 체제에서 착취당하
> 는 노동자는 결코 착취하는 고용주와 화해할 수 없을 것이다.[46]

보프는 가난의 문제가 경제적, 사회적 문제만이 아닌 것을 알게
되었다. 빈부격차의 문제가 생태 위기와 연관되었다는 것을 깨닫고
생태학적 통찰을 해방신학과 연결하기 시작했다. 여성 신학과 해방
신학처럼 생태학, 특히 생태 신학적 통찰은 통일신학에 중요한 통

찰들을 제시한다. 그중에 몇 가지를 정리해보자. 주의할 것은 생태에서 배우는 통일은 정치적, 제도적 통일 정책이 아니라, 남한과 북한, 진보와 보수를 초월한 통일의 원리적 이해를 의미한다.

첫째, 생태 위기와 분단 위기의 유사성이다. 한반도에서는 분단의 위기를 이념 갈등, 전쟁 트라우마, 남북대치국면 등의 정치·사회적 측면과 이산가족 상봉 같은 인간적 측면, 코리아 리스크 같은 경제적 측면 등으로 설명한다. 이에 반해 생태 위기는 구성 요소들 간의 부조화에 원인이 있다고 보고 부조화의 원인을 제거하고 상호연관성을 회복함으로 위기를 해결하려고 한다. 이처럼 분단의 위기에도 구성원 간의 부조화와 상호연관성이 관리되지 못하는 데서 원인을 찾을 수 있으며 구성원 간의 부조화의 제거와 상호연관성의 발전으로 해결할 수 있다.

둘째, 외적 통일과 내적 통일이다. 생태 위기는 자원고갈, 환경오염, 기후변화와 같은 외적 물리적인 현상으로 나타나지만, 내적으로 보면 안정되었던 상호관계가 파괴되고 있다는 것을 함께 보아야 한다. 그래서 생태 위기의 해결은 외적 물리적으로 해결해야 하는 문제처럼 보이지만, 내적 상호관계의 복원이라는 관점에서도 보아야 한다. 그런 점에서 생태 위기는 내적 질서의 파괴가 외적 파괴로 나타났다고 보고 생태 복원에 접근할 때 내재적 접근에서 외재적 접근으로 다가갈 필요도 있다.

한반도의 통일도 유사하다. 외적 통일만 볼 것이 아니라 내적 통일도 보아야 한다. 통일은 군사적으로, 정치, 사회, 제도적으로 질서를 회복해야 이루어진다. 이를 위해 협상을 하고 교류협력을 할 때 통일은 무르익게 된다. 이런 점에서 통일은 외적이다. 하지만 동시에 내적 통일도 보아야 한다. 통일은 서로 간의 마음의 상처를 치유하고 통일을 위한 선한 의도를 공유하고, 서로 확인하면서 이루어진다. 그러므로 통일에 대해 외적 통일에서 내적 통일로 접근하는 것도 필요하지만, 내적 통일에서 외적 통일로 접근하는 것도 이루어져야 한다. 내적 통일이 이루어져야 외적 통일도 무르익게 되며 내적 통일이 이루어지지 않으면 외적 통일도 어그러지기 때문이다. 독일은 30년 전에 외적 통일을 성취하였다. 외적 통일로 통일이 완성된 것으로 알고 있는 사람들이 많다. 하지만 통일 후 30년이 지난 지금도 독일은 내적 통일이 이루어지지 않아 몸살을 앓고 있다.[47) 이것은 내적 통일이 외적 통일에 못지않게 중요하다는 것을 보여준다. 그런데도 한반도의 통일신학은 외적 통일에만 경도되어 있다. 독일의 실수를 반복하지 않으려면 내적 통일에 대해서도 심각하게 고려해야 한다.

셋째, 통일은 분단의 해소이면서 통일의 존재론적, 종말론적 가치의 실현이다. 한반도에서 통일은 둘이 하나가 되는 것으로 갈등을 조정하는 관점에서 접근하는 경우가 많다. 이런 접근은 현실적 이해관계를 조절하는 방식이기 때문에 통일이 되지 않더라도 갈등만 조절되면 통일할 필요가 없다는 논리에 갇힐 수 있다. 통일의 정당성은 양자가 존재론적으로 본래 하나이기 때문에 하나의 가치를 실현해야 한다는 점을 유념할 필요가 있다.[48) 이는 지구공동체가 창조할 때부터 공동체이기 때문에 생태 위기를 공동체적 가치의 실현으로 해결해야 한다는 것과 연결되어 있다. 즉 통일은 선택이 아니라 존재론적 필수 과제일 때 의미를 갖는다.

존재론적으로 하나가 아니라면 둘이 하나가 되어야 된다는 당위성을 증명하기 어렵고 통일을 위해 희생할 명분도 약하다. 그래서 두 가지 주목할 만한 현상이 나타났다. 첫째, 젊은 층을 중심으로 통일에 대해 소극적인 태도가 나타나는 문제다. 기성세대가 문제의식을 느끼고 통일교육을 해야 한다고 주장하지만 무엇으로 젊은 세대를 설득할 수 있을까? 통일을 둘이 하나가 되는 관점으로는 설득이 어렵다고 본다. 둘째, 평화공존론이다. 평화공존론은 두 가지로 접근이 이루어진다. 하나는 통일을 주장할 경우에 약한 편이 위축되고, 그렇게 되면 약한 편에서 통일에 반대할 수 있기 때문에 일단 평화공존을 표방하고 분위기가 무르익으면 그다음에 통일로 나아가자는 것이다. 또 하나는 통일을 위해 희생할 필요성을 느끼지 못하기 때문에 통일을 고집하기보다는 평화공존이 더 유리할 수 있다는 것이다. 통일을 위해 비싼 대가를 치르지 않아도 되고 분단의 부작용도 제거된다면 평화공존이 더 좋다는 것이다. 하지만 평화공존론은 언제든지 대립과 갈등으로 변동될 가능성이 있다는 단점이 있다. 그러므로 평화공존은 분단을 해결한 것처럼 보이지만 항상 분단으로 돌아갈 가능성이 잠재해 있다고 보아야 한다.

생태학에서 전 지구가 하나의 생명 공동체라는 것을 깨닫게 된 것은 생태 위기가 전 지구적인 것을 알게 되면서부터이다. 그렇다면 한반도가 분단으로 고통당하고 있는 이유가 무엇일까? 생각해보면 하나여야 하는 한반도 공동체가 분단되어 있기 때문이다. 일본과 한국은 다른 나라로 살기 때문에 분쟁이 일어나도 통일하자고 하지 않지만 남한과 북한은 본래 하나이기 때문에 통일은 분단 고통의 해결이 된다.

넷째, 개체성과 공동체성이다. 생태 신학에서는 구성 요소 간의 위계가 없고 구성 요소는 고유의 가치를 갖는다. 그리고 그 구성 요소들은 공동체 안에서 유기적으로 연결되어 있다. 북한이나 남한이나 공동체를 강조할 때는 개인의 희생을 당연하게 생각했다. 이것을 멸사봉공(滅私奉公)이라고 한다. 그러나 생태에서는 공동체 속에서 개체들이 가장 큰 행복을 누리는 가치를 추구한다. 희생은 의무로 하는 것이 아니라 내가 공동체를 사랑해서 하는 것이다. 공동체를 위해 개인이 도구적으로 해석되어서는 안 된다.

마지막으로 생태계의 생명력은 구성 요소 간의 질서와 조화다. 질서와 조화가 작동하면서 생태계는 풍성해진다. 대표적인 예가 먹이 사슬이다. 먹이 사슬은 강자에게 약자가 먹히는 약육강식처럼 보이지만 생태계 전체로 보면 먹이 사슬의 안정이 생태계의 안정이다. 그런데 먹이 사슬을 강자의 횡포로 생각한다면 강자의 횡포를 막아야 한다는 당위성이 생기는데, 실제로 강자의 횡보를 막으면 생태계 전체가 위기를 맞는다. 생태계의 질서와 조화는 동식물만 적용되는 것이 아니다. 산, 계곡, 나무, 풀, 물의 흐름, 바람, 햇빛, 계절의 변화에도 적용된다. 이런 것들이 안정적으로 이루어져 질서와 조화를 유지할 때 생태계는 건강해진다. 특히 생태계의 질서와 조화는 강자나 지배계급에 의한 통치의 안정성을 의미하지 않는다. 인간 세계에서는 절대 강자의 억압 하에서 외적 안정을 조성할 수 있다. 그러나 이것은 안정이 아니라 통제일 뿐이다. 생태계의 질서와 조화는 통제가 아니라 구성원 간의 질서와 조화의 관계라는 점을 주목할 필요가 있다.

질서와 조화를 한반도에 적용하면 통일이다. 남과 북이 분열되지 않고, 이념과 빈부로 분열되지 않고, 구성원들이 각자 자기의 위치를 잘 지켜 질서와 조화를 유지하는 것이 바로 통일이다. 이런 관점에서 보면 남과 북이 서로 분단되어 나타나는 부작용들을 질서와 조화의 파괴로 해석될 수 있고 남한 사회 내에서 지역갈등, 빈부갈등,

이념 갈등도 질서와 조화의 파괴이다. 그렇다면 한반도에서의 통일은 남북한의 통일도 되지만 사회적으로 질서와 조화를 실현하는 것도 통일이다. 생태학적 통일은 사회·정치·경제적 통일만을 의미하지 않는다. 정서·문화·가치관의 통일도 포함한다. 따라서 남북한이 제도적으로 통일되어서 통일이 끝난 것이 아니며, 여전히 실현해야 할 통일 가치가 남아 있다. 구성원 간의 질서와 조화로서의 통일은 공동체가 끊임없이 추구해야 할 가치라고 할 수 있다.

지금까지 생태와 통일에 대해 살펴보았다. 그동안에 한반도의 통일 담론은 분단과 통일을 정치적, 사회적, 경제적, 문화적, 정서적, 군사적 관점에 따라 해석하고 그 해석에 의하여 분단을 극복하고 통일을 실현하려고 노력하였다. 하지만 이런 노력들이 만들어낸 성적표는 초라하다. 한반도의 역사는 통일로 넘어가는 분기점을 통과하지 못하고 있다. 그 원인들이 많이 있겠지만 본 글에서 살펴본 것과 같이 생태학의 관점에서 통일을 바라보면 이전에 발견하지 못한 기존의 통일 담론과는 다른 면이 보일 수 있다. 여성 신학이나 해방신학이 생태에서 배우는 것같이 통일신학도 생태에서 배워야 한다. 그러므로 구성원 간의 질서와 조화의 가치에서부터 시작하여 생태를 보듯이 한반도 구성원의 질서와 조화를 이루는 통일에 대해서 반드시 짚고 넘어가야 한다.

VII. 나가는 말

기존의 통일 담론에서 가장 문제가 되는 것은 첫째, 자국 중심적 통일론이다. 북한의 혁명화 통일론이나 남한의 북진 통일론이 아니더라도 북한은 남한 중심의 통일을 경계하고 남한도 북한 중심의 통일론을 허용하지 못한다. 둘째, 진보와 보수의 진영논리가 문제다. 사람이 진보 혹은 보수적 성향을 갖는 것은 자연스러운 것이다. 진보와 보수가 한반도 통일이라는 같은 목적을 위해 보완적으로 작용하면 훨씬 건강한 통일 담론을 만들어 낼 수 있다. 하지만 진보가 진보적 통일론을 관철하려고 하면서 보수적 통일론을 배제하거나 그 반대의 경우는 통일 담론의 발전을 가로막는다. 그런데도 이 문제를 고치려고 하지 않는다는 것이 큰 문제다. 셋째, 이해중심의 통일론이다. 통일하면 이익이 발생한다거나 통일을 하면 문제가 해결된다는 관점을 가지고 통일 담론을 만드는 것은 경계해야 한다. 한편, 기독교의 기독교 이해를 중심으로 통일 담론을 형성하는 것은 기독교 외의 세력과 갈등을 형성할 수 있다. 기독교적 통일 담론은 기독교의 가치를 반영하되, 전체 공동체에 건강한 통일 담론 형성에 기여해야 한다. 넷째, 통일을 위해 함께 노력할 생각이 없다. 이것은 이해중심 통일론의 다른 면이다. 통일을 위해 희생하면서 손해를 볼수 있지만 통일이라는 더 큰 가치에 기여하는 것으로 만족하는 철학이 없다. 공동체의 통합을 위해서는 지는 것이 이기는 것이라는 가치관이 중요하다. 그러나 우리 사회는 이런 가치에 관심이 적으며 자기 이익에 반하거나 걸림돌이 되면 비난한다.

　그렇다면 왜 이런 문제를 해결하지 못하는가? 중요 요인들 중 하나는 한국전쟁의 상처와 남북이 적대적인 관계에 있는 것으로 가르치는 교육의 영향이다. 그 영향 아래 형성된 통일 담론은 분단을 문제로 인식하고 통일하자고 말을 하지만 사실은 분단의 가치를 강화하면서 통일을 언어적 수사로 전락시켰다. 결국 남북 모두는 통일의 모습에 열광하기도 하면서, 통일에 저항하기도 한다. 또한 분단의 가치를 비난하기도 하지만 분단의 가치에 편승하기도 한다. 이런 문제는 통일 독일에서도 나타났다. 초두에 논한 것처럼 독일은 외적 통일은 성취하였으나 통일 후 30년이 지난 지금까지도 내적 통일을 이루지 못하고 있다. 우리는 이런 문제가 한반도에서 일어나기 전에 이에 대해 깊이 성찰해야 한다.

구동독 주민들은 스스로 이등 국민이라는 인식을 떨쳐버리지 못하고 있으며 동·서독 간의 부조화와 계급화로 인한 갈등은 통일 초기부터 사회 구조화되어 대물림되고 있다. 마치 가난을 대물림하듯이 말이다. 대한민국에 입국한 탈북민들도 구동독인들처럼 이등 국민의식에 시달리고 있다. 이젠 이 의식이 대물림되지 않도록 제도적으로 관리해야 한다. 생태학이 주장하는 구성원 간의 질서와 조화는 이 문제를 해결하는 데 중요한 가치 기준이다.

생태 위기와 생태 위기의 원인, 그리고 생태학이 제시한 통찰들은 다른 관점에서 통일을 이해하는데 큰 도움이 된다. 생태계는 구성원 간의 질서와 조화를 유지하는 능력이 있다. 생태계는 오염된 공기를 희석하고, 산소를 골고루 분배하는 능력과 오수를 정화하는 능력이 있다. 바다도 해류를 통해 물의 건강을 유지한다. 약육강식의 정글도 먹이 사슬 관계를 통해 질서와 조화를 유지한다. 문제는 생태계에 내재한 질서와 조화, 그리고 관리능력을 인간이 훼손하는 것이다. 본 글은 그 주된 원인을 기후적, 자연적, 사회적, 철학적으로 분석하고 그 결과를 생태학적 통찰들을 통해 살펴보았다. 이러한 생태학적 통찰의 핵심은 질서와 조화다.

미주

1) 손진석, "통일하면 끝? 독일은 아직 '하나' 되지 못했다," 조선일보, 2020년 10월 4일 자 기사. https://www.chosun.com/international/europe/2020/10/04/ZQZ4BZ4JJRCUHH CIZONS6D2X6M. 2021년 3월 31일 검색.

2) "통일하면 끝? 독일은 아직 '하나' 되지 못했다."

3) "통일하면 끝? 독일은 아직 '하나' 되지 못했다."

4) "통일하면 끝? 독일은 아직 '하나' 되지 못했다."

5) 악셀 슈미트, "독일 통일 후 내적 통합 – 성과, 도전 그리고 전망," FES Information Series 2012-04 (서울: 프리드리히 에버트 재단 한국 사무소, 2018), 2.

6) 슈미트, "독일 통일 후 내적 통합," 4.

7) 이수봉, "통일 선교 교육영역 평가와 제안," 북한사역목회자협의회 정기세미나 자료집 「2020 북한 사역 영역별 현황과 전망」, 숭실대학교, 2020년 11월 12일: 13.

8) 생태학은 환경(environment), 환경주의(environmentalism)와 다른 개념이다. 환경이라는 단어 자체가 함의하는 것은 인간을 중심에 두고 주변을 규정한다. 인간을 위해 생존환경을 다루는 것은 생태학이 지양하는 가치다. 또한 자연주의 혹은 자연 친화적인 것과도 다르다. 이 용어는 자연을 주변화하지 않지만 여전히 인간과의 관계에서 규정하고 있고, 우주를 포함하고 있는지도 의문이다. 조용훈, 『동서양의 자연관과 기독교 환경 윤리』(서울: 대한기독교서회, 2006): 45-54 참조.

9) 조용훈, 『동서양의 자연관과 기독교 환경 윤리』, 53.

10) 레오나르도 보프/김항섭 옮김, 『생태 신학』(서울: 가톨릭출판사, 2013), 25.

11) 이수봉, 『북한 선교학의 기초 성경적 통일신학』(서울: 한모임, 2020), 215-229를 참조하라.

12) H. J. 맥클로스키/김상득 옮김, 『환경 윤리와 환경 정책』(서울: 법영사, 1995), 11-12.

13) 조용훈, 『동서양의 자연관과 기독교 환경 윤리』, 17-18.

14) 기후변화에 관한 정부 간 패널(Intergovernmental Panel on Climate Phange, IPCC)은 1988년 세계기상기구(WMO)와 유엔환경계획(UNEP)이 공동으로 설립한 유엔 산하 국제협의체다.

15) 이안 앵거스 엮음/김현우, 이정필, 이진우 옮김, 『기후 정의』(서울: 이매진, 2012), 23-27.

16) Gravin Schmidt & Joshua Wolf, *Climate Chang: Picturing the Science* (New York: W.W. Norton & Company, 2009), 1: 전현식, "기후변화와 현대상태 담론의 흐름," 「기독교 사상」 616호 (2010. 4): 237에서 재인용.

17) 전현식, "기후변화와 현대상태 담론의 흐름," 238.

18) 전현식, "기후변화와 현대상태 담론의 흐름," 238-239.

19) 전현식, "기후변화와 현대상태 담론의 흐름," 239.

20) 켄 그라나칸/이상복 옮김, 『환경 신학』(서울: 기독교연합신문사출판국, 2005), 29-30.

21) 그라나칸, 『환경 신학』, 31.

22) 앵거스, 『기후 정의』, 178-79.

23) 이안 앵거스가 엮은 『기후 정의』, 제2부 굶주리는 가난한 나라들과 제6부 남반구의 외침에서 자본주의 문제점을 지적한다. 가난한 나라들에서 자본주의는 환경 파괴의 주범이며, 환경운동에서 정의롭지 못함을 고발한다. 제3부 잘못된 설명, 잘못된 해결책과 제4부 녹색 자본주의의 환상, 제5부 대기의 사유화에서 자본주의의가 추진하는 환경운동은 멋지게 포장한다고 해도 '환상'에 불과하다고 지적한다. 이 담론에 기초하면 자본주의가 그 본성인 이윤추구의 가치를 포기하지 않는 한 기후 정의 실현은 불가능하다. 왜냐하면 기후 정의는 이타적, 희생적, 공동체적 가치에 기반을 두고 있기 때문이다.

24) 린 화이트/이유선 옮김. "생태계 위기의 역사적 기원," 「과학사상」 창간호(1992): 283-295.

25) 린 화이트, "생태계 위기의 역사적 기원," 284-285.

26) 몰트만은 1985년에 발간한 그의 저서 『창조 안에 계신 하나님』(Gott in der Schöpfung)의 부제를 생태 신학적 창조론(Ökologische Schöpfungslehre)이라고 하였다. 그는 창조주와 피조물의 관계를 '지배의 관계'로 이해할 수 없고, 오히려 다양한 '사귐의 관계'로 해석할 것을 주장했다.

27) 존 칼빈/존칼빈성경주석출판위원회 편역, 『창세기 I』(서울: 성서교재간행사, 1982), 70.

28) 칼빈, 『창세기 I』, 66-70.

29) 칼빈, 『창세기 I』, 73.

30) 그라나칸, 『환경 신학』, 46-50.

31) 이수봉, 『성경적 통일신학』, 222-229를 참조하라.

32) 그라나칸, 『환경 신학』, 50-51.

33) 그라나칸, 『환경 신학』, 51.

34) 보프, 『생태 신학』, 232-52.

35) 위르겐 몰트만/김균진 옮김, 『창조 안에 계신 하나님: 생태학적 창조론』(서울: 대한기독교서회, 2017), 379-406.

36) 위르겐 몰트만/김균진 옮김, 『생명의 영: 총체적 성령론』(서울: 대한기독교서회, 2017).

37) 전현식, "기후변화와 샐리 맥페이그의 생태 신학," 「기독교 사상」 619호 (2010.7): 238-253.

38) 노영상은 생태 신학을 인간 중심적 생태 신학, 신 중심적 생태 신학, 삼위일체적 생태 신학으로 구분하면서 생태 신학의 통합적 가치를 반영하려고 하였다. 노영상, "인간 중심적 생태 신학, 신 중심적 생태 신학, 생태 중심적 생태 신학의 통합으로써의 삼위일체론적 생태신학(Trinitarian Ecotheology)을 향하여," 「장로교회와

신학」 7 (2010): 93-120.

39) 로지노 지벨리니/심광섭 옮김, "생태 신학의 최근 흐름,"「기독교 사상」 42 (1998.12): 107.

40) 보프, 『생태 신학』, 78.

41) 보프, 『생태 신학』, 78.

42) 보프, 『생태 신학』, 79.

43) 지벨리니, "생태 신학의 최근 흐름," 105.

44) 지벨리니, "생태 신학의 최근 흐름," 107.

45) 지벨리니, "생태 신학의 최근 흐름," 108.

46) 보프, 『생태 신학』, 189.

47) "통일하면 끝? 독일은 아직 '하나' 되지 못했다."

48) 통일은 둘이 하나가 되는 것이 아니라 본래 하나였다는 것에서 출발한다. 요한복음의 '핸(하나)' 개념으로 통일의 의미를 재해석한 이수봉, 『성경적 통일신학』, 144쪽을 보라.

제3장
권정생의 문학작품에 나타난 생활세계 속 생태의식

홍인표[*]

I. 들어가는 말

COVID-19 시대의 생태의식은 사회 체제나 정치제도 차원에서뿐 아니라 생활세계(Life World) 차원에서도 재구성되어야 한다. 본 글의 목적은 권정생의 산문, 동화, 동시 등 그의 문학작품에 나타나는 생태의식을 고찰함으로써 생태 위기에 직면한 한국 교회에 생활세계 차원에서 시사하는 바를 발견하려는 데 있다.[1] 아동 문학가 이오덕이 목격한 다음의 사건은 권정생의 생태의식이 한국 교회에 시사해 주는 바를 말해주기에 충분하다.

> 또 한 번은 찾아갔더니 교회를 둘러싼 탱자나무 울타리가 자취도 없이 사라지고 시멘트 벽돌담이 높이 둘러쳐 있고 커다란 철 대문이 잠겨있어 몹시 서운했다. 알고 보니 교회에서 새마을 운동을 한다고 그리한 것이다. 권 선생은 나무를 베지 않도록 아무리 호소해

---

* 백석대학교 기독교전문대학원 철학박사, 한국교회사 전공

도 소용없었다 한다. 마지막에 어린 대추나무 하나가 남아 있는 것마저 톱으로 베고 있는 것을 권 선생이 그 대추나무를 끌어안고 눈물을 흘리는 바람에 할 수 없이 톱질을 그만두더라는 것이다. 그 대추나무를 살펴보니 밑둥치에 정말 톱으로 베다가 만 흔적이 보였다.[2]

이오덕의 증언에서 필자는 두 가지를 발견한다. 첫째, 권정생의 생태의식은 생명을 사랑하는 마음에 기반을 두었다. 박건의 다음과 같은 말은 그러한 사실을 잘 말하고 있다.

> 그는 돈보다 생명과 인간을 먼저 생각했다. 그리고 천하고 버림받은 쪽에 있었다. 사람뿐 아니라 무지렁이도 그랬다. 흔한 개똥을 보고 <강아지 똥>을 쓸 수 있었던 것도, 방에 생쥐를 내치지 않은 일도, 풀벌레들과 더불어 함께 살아야 한다는 것도 자연과 사람을 중심에 놓고 길어 올린 삶의 철학이다.[3]

둘째, 권정생은 1970년대 한국 교회가 산업화 시대에 편승하여 생태계에 대한 몰이해로 인해 자연 파괴에 일조하는 것을 비판하였다. 권정생의 이야기를 들어보자.

> 어느 여름성경학교 강습회 때 강사 목사님이 시골 교회에 갔더니, 천정에 거미줄이 있고 아이들이 팬티 차림에 검정 고무신을 껴안고 예배를 드리더라고 꾸지람하시는 걸 들었습니다. 그 목사님은 딱하게도 농촌을 너무도 몰랐습니다. 그리고 자연의 생태를 잘 모르는 분이었습니다. […] 사람들에겐 거미줄이 더러운 방해꾼이지만 거미 자신에게는 먹고살기 위한 소중한 방편입니다. […] 거미줄은 보기엔 지저분할지 모르지만, 농촌 사람들에겐 없어서는 안 되는 귀한 존재입니다. 거미줄엔 파리가 걸리고, 모기가 걸리고, 그리고 농작물을 해치는 벌레를 잡아줍니다. 그래서 그런지 모르

지만, 농촌 사람들은 거미를 소중히 여깁니다. 특히 아침 거미는 복을 갖다 주는 귀한 손님으로 보호하고 있습니다.[4]

평생 안동 일직면 시골 마을을 벗어나지 않고 작품 활동을 한 권정생은 자신의 경험 속에서 생태계 보전의 중요성을 인식하였고 산업화 시대에 접어들어 생태가 파괴되고 그 속에서 인간의 삶 또한 파괴되는 것을 목격하였다. 그리고 자신이 목격한 사실을 산문에 언급함으로써 질책을 아끼지 않았다. 나아가 그의 동화와 동시에 언급함으로써 독자들의 마음에 감동으로 호소하였다. 필자는 권정생이 그의 글에서 때로는 따갑게 질책하고 때로는 감동으로 호소하려고 한 1차 독자가 한국 교회와 한국의 그리스도인이라고 생각한다. 그러므로 본 글은 권정생의 산문, 동화, 동시 등 문학작품에 언급된 그의 생태의식을 고찰하고 권정생이 그의 문학작품에서 한국 교회와 한국의 그리스도인에게 들려주는 메시지를 발견하는 데 목적이 있다.

II. 권정생의 문학 성격 배경

먼저 권정생의 초기 약력을 살펴보는 것은 그의 문학 성격을 이해하는 데 도움이 된다. 권정생은 1937년 8월 18일 일본 도쿄(東京) 시부야(渋谷) 하따가야(幡ケ谷) 혼마치(本町) 3쬬오매(丁目) 595방 헌 옷장수집 뒷방에서 태어났다.[5] 그가 태어나 자란 곳은 빈민가였고 그곳에 사는 한국인과 일본인은 모두 빈곤한 생활을 하였다. 그곳에서 권정생은 일본 어린이들과 민족 감정에 따른 갈등 없이 어울려 지내며 성장하였다.[6]

권정생의 문학 성격에 영향을 준 어린 시절의 세 가지 사건은 다음과 같다. 첫 번째는 그의 둘째 형인 목생(木生)의 죽음이고 두 번째는 다섯 살 때 예수 그리스도를 알게 된 것이며 세 번째는 그의 아버지가 거리 청소를 하다가 팔기 위해 주워 온 폐지 더미에서 찢어지고 타다 만 동화책들을 발견하여 읽은 것이다.

　먼저 권정생의 문학 성격 형성에 영향을 끼친 첫 번째 사건은 그의 둘째 형 목생의 죽음이다. 권정생에 따르면 그는 어린 시절 어머니로부터 자장가 대신 구슬픈 타령을 들으면서 자랐다고 한다. "구슬픈 타령과 함께 항상 젖어있는 어머니의 눈동자는 그의 성격 형성기에 많은 영향을 끼쳤다."[7] 그의 어머니가 그렇듯 슬픈 타령을 부르며 눈물을 흘린 이유는 권정생이 두 살 때 발생한 둘째 형 목생의 죽음 때문이었다. 아버지가 고액의 부채를 감당하지 못하여 도주하다시피 일본으로 건너간 후 가족에게 생활비를 보내지 않자, 어머니는 자녀들을 데리고 남편을 찾아 일본으로 건너갈 것을 결심하였다. 그런데 일본으로 갈 수 있는 비자가 네 장밖에 주어지지 않았기에 첫째 아들과 둘째 아들을 제외한 자녀 셋만 데리고 일본으로 가야 했다. 이 가운데 19세가 된 첫째는 이후 자신의 힘으로 일본으로 가기로 하였지만, 15세에 불과한 둘째 목생은 차후에 일본으로 데려가기로 하고 나병에 걸린 막내아들을 돌보는 할머니에게 맡겼다.[8]

　가족과 함께 일본으로 건너가지 못한 목생은 지방 도로를 만드는 공사에 나갔다가 다이너마이트 폭발 사고로 목숨을 잃었다. 그의 나이 17세 때였다.[9] 권정생의 어머니는 둘째 아들을 데려오지 못했다는 죄책감과 슬픔을 감당치 못하고 자신의 슬픔을 젖먹이 아들 권정생에게 풀어놓았다. 권정생에 따르면, "불쌍한 목생이 얼마나 착했는지, 얼마나 든든한 아들이었는지, 중얼거리듯 새어 나오는 슬픈 이야기가 어머니의 자장가였다."[10] 훗날 나이 마흔이 되었을 때 권정생은 자신의 상상 속에서 만난 목생에 대하여 다음과 같이 말하였다.

> 가엾은 사람들, 지금도 길안골 산속 어디쯤인지, 불쌍한 목생 형님과 문둥이였던 삼촌이 장소도 알 길 없이 묻혀있다. 아니, 목생 형님은 어느 봉우리 위에 한 그루 소나무가 되어 늘 푸른 잎을 피우며 서 있을 게다, 일제의 무자비한 침략과 못난 조상들의 잘못으로도 죄 없는 한 어린 소년의 넋마저 빼앗지는 못했을 것이다. 얼굴한 번 뵙지 못한 형님, 그러나 그 만남이 없으므로 말미암아 더 귀중한 형님을 만나 보게 된 지도 모른다.[11]

이처럼 둘째 형 목생은 다시는 가족을 만나지 못하고 슬픈 삶을 마감하였기에 권정생이 상상으로만 만날 수 있는 인물이었지만, 권정생의 문학 성격 형성에 영향을 주었음을 알 수 있다. 권정생이 "나의 동화는 슬프다. 그러나 절대 절망적인 것은 없다"라고 한 것처럼 말이다.[12] 그것은 어머니의 구슬픈 자장가를 통해서였다. 둘째 형 목생의 죽음을 통해 형성된 슬픔의 정서가 자신처럼 현대사의 아픔을 경험한 이웃들에 대한 공감으로 권정생의 동화작품에 나타난 것이다. 그러므로 그는 사람뿐 아니라 함께 자연을 누리며 살아가는 동물 또한 그의 소중한 이웃으로 여겼다.

권정생의 문학 성격 형성에 영향을 끼친 두 번째 사건은 그가 다섯 살 때 경험한 예수님과의 만남이었다. 당시 그의 두 누나는 친구들과 함께 다니던 일요 학교 얘기를 주고받곤 했는데 이를 통해 예수님을 경험할 수 있었다. 그 이야기는 어린 권정생에게 자못 충격으로 다가왔다. 그것은 "알몸이 된 남자가 십자가라는 나무 위에 매달려 죽은 모습", "머리에는 가시관을 썼기 때문에 피가 줄줄 흘렀고, 손과 발에 못을 박았기 때문에 굉장히 고통스러워하는 모습"에 대한 이야기였다.[13] 그렇지만 어린 권정생은 그런 예수님의 모습을 무섭다기보다는 측은하게 느꼈다. 그의 이야기를 들어보자.

> 무슨 까닭으로 그렇게 죽게 되었는가는 몰랐지만, 그때 들은 예수님의 십자가 모습은 어린 내게 꽤 심각한 충격을 가져다준 것은 분명했다. 그때 내가 멋대로 그려 본 예수님의 십자가 모습은 30여 년이 지난 지금까지 나의 머리에서 떠나지 않는다. 핏기없는 검푸른 얼굴에 붉은 피를 흘리며 공중에 높이 매달린 남자가 무섭기보다 측은하게만 여겨졌다.[14]

이렇듯 권정생이 다섯 살 때 환상으로 본 그리스도 체험은 그가 성인이 된 후 그의 그리스도 인식에 적지 않은 영향을 미쳤다.[15] 다시 말해 그의 그리스도 인식은 "머리에 금관을 쓰고, 높은 보좌 위에서 낮고 천한 인간을 다스리는 그리스도"라기보다는 "피 묻은 손으로 모든 영광을 버리고, 홀연히 갈릴리 바닷가에 나타나신 예수, 인간의 사랑이 필요했던 예수, 비록 비천한 고기잡이 베드로 같은 인간에게도 한 사람으로서의 깨끗한 사랑의 피를 느끼고 싶었던 예수"였다. 이를 통해 권정생은 "신앙이란 사람을 사랑하는 것, 사람을 찾는 것이라고 이해"하게 되었다.[16] 권정생의 문학작품에 흐르는 기독교 사상을 이와 같은 측면에서 이해해야 한다.

권정생의 문학 성격 형성에 영향을 끼친 세 번째 사건은 어린 시절 그가 접한 아동문학 작품이었다. 거리 청소부였던 아버지가 이따금 찾아오는 고물 장수에게 팔기 위해 쓰레기더미에서 가려내어 뒤란 구석에 쌓아둔 헌책 중에서 권정생은 아동문학 작품을 찾아서 읽었다. 그의 이야기를 들어보자.

> 내가 그 쓰레기 더미 속에서 그림책이나 동화책을 찾아내어 읽은 것이 6, 7세 때의 일이다. 아직 학교에 입학하기 전, 나는 이 쓰레기 책 속에서 혼자 글자를 익히고 세상을 배웠다. 책은 곰팡내가 나고 반쪽이 찢겨나가고 불에 타다 남은 것도 있었다. 『이솝 이야기』, 『그림 동화집』 그리고 훗날 알았지만, 오스카 와일드의 『행복한 왕자』, 오가와 미에이의 『빨간 양초와 인어』, 미야자와 겐지의 『달밤의 전봇대』 등등, 그때 읽은 동화들은 내 머릿속에 깊숙이 들어가 자리 잡았다. 이불 속에 누워 천장을 쳐다보고 있으면, 판자쪽 줄무늬가 어느새 찬 빗줄기로 변하고 그 찬비를 맞으며 왕자와 제비가 떨고 있었다. 잠이 들면 꿈속에 빨간 양초의 인어가 상인에게 팔려 가는 구슬픈 모습이 나타나곤 했다.17)

이때 읽은 슬픈 동화는 이후 권정생의 생태의식이 작고 여린 것들에 대한 동정과 사랑을 내포하도록 영향을 주었다. 마치 권정생이 경북 안동의 일직교회 종지기로 살며 문간방에 거주할 때 만나게 되는 작은 생명에 대한 가치를 인식하게 되고 사랑하게 된 것처럼 말이다. 지금까지 언급한 세 가지는 권정생 문학 사상을 형성하는 데 중요한 요소가 되었다. 특히 세 번째 사건은 권정생이 작은 시골 마을에서 작품 활동을 하며 얻게 된 다양한 경험과 함께 그의 생태의식 형성에 많은 영향을 미쳤다. 하지만 심층적으로는 지금까지 언급한 세 가지가 그의 생태의식 형성에 복합적인 영향을 끼쳤다. 권정생의 삶의 자리와 생태의식 형성에 대하여는 다음 단락에 더욱 자세히 살펴보도록 하자.

III. 산문에 나타난 생태의식

권정생이 남긴 산문은 원래 여러 문예지에 수록되었으나 현재 1986년에 출간된 『권정생의 글 모음: 오물 덩이처럼 뒹굴면서』, 1996년에 출간된 『권정생 산문집: 우리들의 하느님』, 2012년에 출간된 『권정생 산문집: 빌뱅이 언덕』 등에서 접할 수 있다. 이 단락에서는 이러한 산문집에 수록된 글을 중심으로 권정생의 생태의식에 대하여 고찰하려고 한다.[18]

권정생은 1965년, 어머니가 돌아가신 직후 집을 나와 석 달 동안 대구, 김천, 상주, 문경, 점촌, 예천 등을 걸인으로 떠돌다가 귀가하고 아버지마저 돌아가시자 1967년 일직교회 문간방에 정착하였다. 전에 살던 집은 아버지가 소작하던 농막이어서 더는 거주할 수 없기 때문이었다.[19] 서향으로 지은 토담집인 교회 문간방은 사람이 거주하기에는 참으로 척박하였다. 외풍이 심해서 겨울에 귀에 동상이 걸렸다가 봄이 되면 나았을 정도로 말이다. 그렇지만 그곳은 권정생의 생태주의적 아동문학이 탄생하는 토양이 되었다.

늑막염, 폐결핵, 신장결핵을 앓던 몸으로 3개월을 떠돈 끝에 부고환 결핵까지 걸린 권정생은 그의 나이 스물아홉이던 1966년, 일본에 사는 둘째 형의 도움으로 그해 6월에 콩팥을 들어내는 수술을 하였고 12월에는 방광을 들어내는 수술을 하였다. 당시 그의 수술을 집도한 의사는 "잘 관리하면 2년은 살 수 있다"라고 하였고 간호사는 앞으로 "6개월도 살기 어려울 것"이라고 하였다. 병으로 인해 얼굴빛이 검고 삐쩍 마른 그를 사람들은 귀신같다고 하며 낯설어했지만 교회학교에 나오는 아이들은 개의치 않고 그를 따랐다.[20] 그의 이야기를 들어보자.

> 그 조그만 방은 글을 쓸 수 있고 아이들과 자주 만날 수 있는 장소
> 였다. 여름에 소나기가 쏟아지면 창호지 문에 빗발이 쳐서 구멍이
> 뚫리고 개구리들이 그 구멍으로 뛰어들어와 꽥꽥 울었다. 겨울이
> 면 아랫목에 생쥐들이 와서 이불 속에 들어와 잤다. 자다 보면 발
> 가락을 깨물기도 하고 옷 속으로 비집고 겨드랑이까지 파고들어
> 오기도 했다. 처음 몇 번은 놀라기도 하고 귀찮기도 했지만, 지내
> 다 보니 그것들과 정이 들어버려 아예 발치에다 먹을 것을 두고
> 기다렸다. 개구리든 생쥐든 메뚜기든 같은 햇빛 아래 같은 공기와
> 물을 마시며 고통도 슬픔도 겪으면서 살다 죽는 게 아닌가. 나는
> 그래서 황금 덩이보다 강아지 똥이 더 귀한 것을 알았고 외롭지
> 않게 되었다.21)

이후 권정생은 한국 교회가 산업화에 편승하여 생태계 파괴를 묵
인하고 이에 일조하는 것을 강하게 비판하였다. 그는 산업화에 따른
경제 성장에 대하여 다음과 같이 문제를 제기하였다: "경제 성장이
란 도대체 뭘까? 발전이라는 것과 건설이라는 것은 어떤 것인가? 산
이 깎여나가고 골짜기도 사라지고, 마을이 없어지고, 거기 사는 사
람도 짐승도 없어지는 게 발전이란 말인가?" 권정생은 "모든 생물이
다른 생물과 서로 깊이 연결되어 있다"라고 보았다. 즉 "인간과 자
연을 분리하는 이원론적 사고를 거부함으로써 자연은 오직 도구에
불과하다는 인간 중심의 사상에서 벗어나야 한다"라는 것이 권정생
의 신념이었다. 인간이라 해도 생명체 전체 구조의 질서와 균형을
깨뜨릴 권리가 없다는 것이다.22)

권정생은 "풍요로운 삶이란 새 한 마리까지 함께 이웃하며 살아
가는 것이지 인간들끼리만 먹고 마시고 즐기는 건 더럽고 부끄러운

삶"이라고 단언하였다.23) 그는 쇠퇴해 가는 농촌교회의 현실을 걱정하며 헌금을 지원하고 각종 집회를 열어 농촌교회를 돕는 움직임에 대하여 "그것은 손바닥으로 하늘을 가리기이다"라고 일침을 가하였다. 권정생은 "이 땅의 농촌과 농촌교회를 걱정한다면 좀 더 적극적이고 실질적인 삶이 있어야 한다"라고 강조하였다.24) 여기서 우리는 한국 교회가 인간 중심의 사고에서 생태적 사고로 전환해야 한다는 권정생의 생각을 읽을 수 있다.

권정생이 볼 때 창세기의 하느님 나라는 말씀으로 되었지만, 지금은 몸으로 살아감으로써 하느님 나라가 다시 창조되고 천국이 이 땅에 이루어지기 때문이다.25) 권정생이 말하는 하느님의 나라는 인간만이 아니라 이 세상 모든 생명이 골고루 복을 누리는 나라이다.26) 하지만 개발에 따른 생태계 파괴로 인해 현실에서 이러한 하느님 나라 이루어짐은 요원해 보인다.

> 공장에서 나오는 독한 공해물질은 하천을 더럽히고 공기를 더럽힌다. 농촌의 농약은 들판을 오염시키고 거기 사는 동물들의 목숨을 앗아간다. 우리는 그냥 훔치는 것이 아니라 무장 강도처럼 이 지상의 물질을 약탈하고 있는 것이다. 이렇게 약탈해온 재물의 일부를 교회에 바친다고 과연 감사가 될 수 있단 말인가? 사람들의 편리를 위해 만들어지는 고속도로 때문에 일어나는 끔찍한 일들은 아무도 모른 채 지나치고 있다. 시골 아스팔트 길을 보면 종종 뱀이나 다른 산짐승들이 자동차에 치여 죽은 것을 본다. 비 오는 들판 아스팔트 길엔 개구리들이 수없이 차바퀴에 치여 죽은 것을 본다… 고속도로는 동물들에겐 커다란 수난이다. 산골짜기를 가로질러 건설되는 고속도로의 양쪽에 헤어진 동물 식구들은 그때부터 영원히 이산가족이 되어 버린다. 동물한테도 감정이 있는 것을 겪어본 사람은 알 것이다.27)

권정생에 따르면 인간의 죄는 생태계 파괴를 통해 구체적으로 나타난다. 그는 인간이 자연 속에서 자연의 일부분으로 살았을 때는 인간에게 악이 없었다고 말한다. 그러나 개발을 명목으로 자연을 파괴하는 인간은 악마와 다름없다고 하였다. 왜냐하면 인간이 문명의 혜택으로 편리와 행복을 누릴 때 수많은 동식물이 고통스럽게 죽어가기 때문이다.[28] 이러한 자연 파괴는 인간의 이기심에서 시작된다. 인간의 편리와 풍요를 위해 자연을 마구잡이로 집어삼키며 지상의 왕자로 군림함으로써 결국 우주의 악마로 전락한 것이다. 이러한 사태가 계속되면 우리는 지구의 종말을 피할 수 없다.[29] 이런 측면에서 권정생은 "지구의 멸망이 인간의 욕심이 빚어낸 결과이지 결코 천재지변이 아님"을 강조한다.[30] 이러한 현실에서 권정생은 한국 교회의 자각을 촉구한다.

> 공중에 나는 새도 들에 피는 꽃 한 송이도 하느님이 먹이시고 입히신다는데, 과연 교회는 하느님 보시기에 좋았던 아름다운 세상을 잘 가꾸고 있는 것일까? … 자동차의 배기가스로 시커먼 도시의 하늘, 물고기가 살지 못하게 더러워진 강과 시냇물, 새들이 죽고 나비와 반딧불이 없는 들판에서, 교회는 무엇 때문에 찬양을 부르는가? 하느님이 그런 것을 정말 고맙게 받아주고 계실까?[31]

여기서 권정생이 말하는 축복은 한국 교회에 시사하는 바가 크다. 그는 이렇게 말한다.

> 사람들이 현재 누리고 있는 풍요나 교회 헌금의 수량을 가지고 모들쳐서 하느님의 축복이라고 말해서는 절대 안 된다. 모든 물질은 이 세상 모든 생명들이 각자의 몫이 골고루 나누어졌을 때 진정한 축복이 되는 것이다. 거기서 사람들도 정당한 자기 몫으로 살면서

다른 목숨들한테 피해를 주지 않고 평화를 이룰 때만이 우리는 하느님께 진정한 감사를 할 수 있는 조건을 갖추게 된다.[32]

권정생은 한국 교회의 생태계 몰이해가 비단 1970년대 산업화 시기에 시작된 것이 아니라, 서구 선교사들이 이 땅에 들어올 때부터 시작되었다고 보았다. 그들이 우리 전통문화와 좋은 풍습을 무시하고 파괴했다는 것이다.

주로 미국 선교사들에 의해 전해진 기독교가 참다운 예수님을 전해 주었나 하는 문제부터 돌이켜 보아야 한다[…] 기독교가 들어가는 곳이면 어느 집이나 어느 마을이나 우리들의 전통문화가 파괴되어 버리는 것이었다. 마을 밖 서낭당의 돌무더기도 없어지고, 정월 대보름날 동신제에도 기독교인은 함께 어울리지 않는다. 집집마다 가지고 있던 성주단지나 용단지도 깨뜨리고 부숴버린다. 조상들의 제사도 지내지 않는다. 논밭에서 음식을 먹을 때 고수레도 안 한다. 안 하는 것이 아니라 못하게 한 것이다. 이런 건 모두가 미신이고 우상이라 매도하고 철저히 파괴했던 것이다.[33]

물론 이러한 권정생의 생각을 모두 받아들이는 데는 무리가 있다. 그렇지만 그의 주장은 현대인들에게 새로운 생태적 인식을 제공한다. 고수레로 들판에 던진 음식은 벌레도 먹고 새도 먹음으로써 인간과 공생하도록 한다. 용단지의 쌀은 단순히 용신(龍神)을 섬기는 단지가 아니라 죽어가는 사람을 살리는 비상식량으로 유용하였고 성주단지의 곡식 또한 흉년이 들면 이웃과 함께 나누어 먹음으로써 굶주림을 면할 수 있었기 때문이다.[34]

한국 교회는 1970년대 산업화 시기에 큰 성장을 할 수 있었다. 그러나 권정생은 그와 같은 성장이 진정한 의미에서 성장이 아니라고 보았다. 그는 한국 교회가 산업화에 편승함으로써 도리어 소중한 가치를 상실하였다고 말한다. 그것은 생태계 파괴와 무관하지 않다. 권정생이 볼 때 생태계 회복은 진정한 의미에서 한국 교회의 회복을 의미하기도 하였다. 즉 권위주의, 물질만능주의 등으로 인한 인간성 상실로부터의 회복 말이다.35) "만약에 자연이 모두 파괴되어 버리면 그땐 인간만으로 살 수 없게 된다. 그러나 인간들이 다 없어지면 오히려 자연은 펄펄 살아갈 수 있다"36)라는 권정생의 언급은 한국 교회가 직면한 생태적 위기를 잘 말하고 있다. 다음과 같은 권정생의 충고는 한국 사회 그리고 한국 교회를 향한 그의 준엄한 경고로 받아들여야 할 것이다.

> 자연계의 먹이 사슬에서 절대 강자는 없습니다. 내가 하나 잡아먹으면 대신 하나를 희생하는 것이 자연입니다. 인간들이 이 자연을 이탈하여 마구잡이로 집어삼키며 지상의 왕자로 군림하면서 우리는 결국 우주의 악마가 된 것입니다. 이 정도에서 우리가 다시 제자리로 찾아들지 않으면 지구의 종말은 피할 수 없을 것입니다. […] 자연은 어느 한 군데가 망가지면 연쇄반응을 일으킵니다.37)

IV. 동화에 나타난 생태의식

권정생의 동화 중에는 동물의 관점에서 쓴 작품들이 많은데 그의 작품 중 대부분은 자연과 인간의 상생을 지향한다. "권정생의 동화들은 지금까지 우리가 너무도 당연시해온 동식물 간의 먹이 사슬에 대한 고민에서 출발한다."38) 사실 권정생의 생태의식이 반영된 동화 작품은 참으로 방대하다. 그의 작품 대부분이 생태의식에 근거했다고 보아도 과언이 아니다. 그의 초기 작품 「강아지 똥」[39]부터 생태 의식이 반영된 작품이다. 누구도 거들떠보지 않는 더러운 강아지 똥이 자신의 몸을 녹여 별처럼 아름다운 노란빛을 가진 민들레의 몸이 된다는 것부터 그의 생태의식이 반영된 것임은 이견의 여지가 없다. 권정생의 생태의식을 고찰하기 위해 그에 해당하는 방대한 분량의 동화를 고찰하는 것은 불가능하다. 그러므로 이 단락에서 필자는 그에 대한 세 작품을 선택하여 언급하려고 한다, 그것은 「아기 늑대 세 남매」와 「황소 아저씨」 그리고 「먹구렁이 기차」이다.

「아기 늑대 세 남매」에서 권정생은 적대 관계로 변한 인간과 짐승의 관계를 아기 늑대들의 시각으로 안타깝게 바라보며 상생 관계로의 회복을 염원한다. 권정생은 화자(話者)의 입을 빌려 다음과 같이 말한다: "엄마 늑대는 새끼 늑대들이 춘자 아주머니네 밭 가까이 까지 나가는 것이 못마땅했습니다. 언제부터인지 사람들과 짐승들은 이렇게 서로 못 믿게 된 것입니다."[40] 아기 늑대들과 엄마 늑대의 대화를 들어보자.

> "괜찮아요. 엄마, 가만히 보니까 춘자 아주머니 쪽에서 도리어 우리를 무서워하고 있는 것 같았어요."
> "그러니까 안심이 안 되는 거야. 서로서로 무서워하지 않고 믿고 산다면 얼마나 좋겠니?"
> "진짜는 그런 것 같아요. 아마 춘자 아주머니는 우리를 믿고 있나 봐요."
> […]
> "엄마, 우린 춘자 아주머니하고 친해지고 싶어요. 그리고 사람들 모두하고 사이좋게 지내고 싶어요."
> "하지만, 그게 너희들 마음대로 되니?"[41]

이 작품은 아기 늑대 세 남매가 "능자", "용대", "성대"라는 이름을 가진 어린아이로 변신한 후 5일 동안 열린 여름성경학교에 열심히 참석하여 하나님 말씀을 배우고 다음 해에는 시내미골 숲속 모든 동물을 여름성경학교에 데려가겠다고 결심하는 것으로 끝난다.[42] 이 작품에서 권정생은 아기 늑대들의 입을 빌려 인간과 짐승이 서로 무서워하지 않고 사는 세상을 염원하였다. 그것은 이사야 선지자가 이사야 제11장에서 염원한 이상향, 다시 말해 하나님께서 다스리시는 회복된 나라를 의미한다.[43]

권정생 동화의 생태의식에서 무엇보다도 주목할 점은 동식물의 입장에서 이야기를 풀어나감으로써 독자로부터 공감을 끌어낸다는 것이다. 그것은 권정생의 독특한 의인화 기법에 기인한다. 그의 동화 「황소 아저씨」는 황소 아저씨가 자기 뜻과는 상관없이 가족과 헤어지고 자신의 구유 안에 있는 곡식 찌꺼기를 먹고 살아가는 생쥐 가족과 정을 나누며 살아가는 이야기를 담은 동화이다.

부모님을 일찍 여읜 언니 생쥐는 위험을 무릅쓰고 황소의 구유 안에 있는 콩 찌꺼기 등을 가져다가 동생들을 먹인다. 자칫 황소의 발에 밟히기라도 하면 죽을 수도 있지만, 언니 생쥐는 굶주리는 동생들 생각에 그것을 생각할 겨를조차 없었다. 생쥐 가족의 딱한 사정을 들은 황소 아저씨는 번거로움을 마다하지 않고 언니 생쥐가 구유 안에 있는 곡식 찌꺼기를 가져갈 수 있도록 허용해 주었을 뿐만 아니라, 기꺼이 생쥐들의 가족이 되어 주었다. 황소 아저씨와 언니 생쥐의 대화를 들어보자.

"꼬마야, 너 어디를 가던 길이니?"

"동생들 먹을 것 찾아 나왔어요. 우리 엄마가 갑자기 돌아가셨어요."

"먹을 게 어디 있는데 찾아가니?"

"저기 구유 속에 음식 찌꺼기가 있다고 건넛집 할머니가 가르쳐
주셨어요."

"그럼, 조용히 갈 것이지, 남의 엉덩이는 왜 타고 가니? 일껏 잠이
들었는데 간지럽게 시리……"

"아저씨, 잘못했어요. 지름길로 빨리 가려다 그만 아저씨 엉덩이를
간질여 줬군요."

"헤헤, 아무리 바쁘기로서니 남의 등때기로 뛰어가는 버릇 없는 놈
이 어디 있냐?"

"앞으로 아저씨 궁둥이 밑으로 비잉 둘러서 갈 테니까 용서해 주
세요."

"아니다. 동생들이 몹시 기다릴 테니 내 등 타 넘고 빨리 가거라.
정말은 네가 타 넘고 가면 매우 기분 좋을 거야."

"아저씨, 참말이세요?"

"그래그래, 참말이잖고."

"그럼 아저씨, 얼른 다녀갈게요."

"또 오너라. 고것 가지고는 모자라지 않니? 내일 또 오너라 내가
맛 나는 것 많이 남겨줄게."[44]

황소 아저씨는 언니 생쥐가 자신의 등을 타고 구유 안의 곡식 찌
꺼기를 가져가도록 해주었을 뿐만 아니라, 생쥐들을 자신의 가족처
럼 생각하였다.

"새앙쥐야."

"네 황소 아저씨."

"동생들이 보고 싶구나. 내일부터 모두 함께 와서 구유 안에서 맛
나는 것 실컷 먹어라."

"아저씨, 그래도 되겠어요?"

"그럼, 내가 다 먹고 남긴 찌꺼긴데 뭐."[45]

다음날 언니 생쥐는 동생들을 모두 데리고 나타났다. 모두 다섯이
되는 생쥐 가족이었다. 생쥐 가족은 황소 아저씨의 엉덩이와 등을
오르내리며 구유 안에 가득 있는 콩 조각을 먹었다. 그리고 황소 아
저씨와 생쥐들은 새로운 가족이 되었다. 생쥐들은 밤마다 덩치가 산
더미만 한 황소 아저씨의 겨드랑이 사이에서 잠을 자면서 부모 없는
쓸쓸함을 잊을 수 있었다.

> "황소 아저씨!"
> "얼래, 모두 똑같구나."
> "제가 막내예요."
> "얼른 구유에 가서 맛난 것 먹어라."
> "네!"
> "많이 먹어라, 응."
> "황소 아저씨 고마워요."
> "자, 이제 배불리 먹었거든 내려와서 나하고 놀자꾸나."
> "아저씨, 어떻게 놀아요?"
> "그냥 내 등을 타고 술래잡기라도 하려무나. 너희들 집, 방안은 안
> 춥니?"
> "춥지만 괜찮아요. 다섯이서 꼭 끼어 자니까요."
> "춥거든 오늘부터 내 겨드랑이 사이에 끼어 자거라. 굉장히 따슬
> 거야."[46)]

권정생은 이 장면에서 동물들의 상호부조(相互扶助) 하는 삶을 보
여주었다. 사실 부모를 잃은 상실감은 생쥐 가족에게만 있는 것이
아니었다. 덩그런 외양간에서 겨우내 혼자 지내는 황소 아저씨 또한
새로운 가족이 필요했다.

"아저씬 맨날 혼자세요?"

"응, 혼자야."

"아버지도 어머니도 어디 가셨어요? 형제도 없나요?"

"모두 따로 헤어졌어, 먼 데로……"[47]

이 작품에서 권정생은 동물도 인간처럼 고독과 슬픔은 물론 사랑을 느낀다는 것을 말하였다. 권정생은 동식물이 등장하는 많은 작품에서와 같이 이 작품에서도 인간 중심 사고를 벗어날 것을 촉구한다. 그는 인간이 자신의 유익을 위해 동물이 가족과 헤어지도록 하는 등 동물의 희생을 당연하게 여기고 심지어 그에 대한 근거를 성경에서 찾으려고 하는 행태에 대한 재고를 촉구한다.[48]

앞서 언급한 「아기 늑대 세 남매」에서 권정생은 인간에게 친근하지 않은 늑대를 등장시켜 동물들의 시각에서 인간을 바라보도록 함으로써 인간과 동물의 관계 회복을 염원하였다. 마찬가지로 권정생은 그의 동화 「먹구렁이 기차」에도 혐오 동물로 알려진 구렁이를 등장시킴으로써 먹구렁이로부터 발견되는 휴머니즘과 인간의 잔인성을 대비해서 묘사하였다.

이 작품의 주인공은 엄마 먹구렁이가 겨울잠을 잘 때 굴속에서 태어난 새끼 먹구렁이이다. 이른 봄 가족들과 함께 겨울잠을 끝내고 굴 밖으로 나올 때, 엄마 먹구렁이는 새끼들에게 "바깥은 땅속처럼 조용하지 않고 비바람이 불고 천둥이 치는 곳이기 때문에 따로 숨어 다니면서 용감하게 살아야 한다"라고 하였다. 하지만 아직 세상 경험이 없는 새끼 먹구렁이가 처음 느낀 굴 밖의 세상은 "아물아물 눈이 어지럽도록 아름다운 햇빛이 들판에 깔린 세상", "어디를 보아도 환하고 넓은 세상", "엄마 먹구렁이가 말한 것과는 딴판인 별세계"

였다.49)

　새끼 먹구렁이는 들판의 꽃, 풀 그리고 나무들과 인사를 나누며 따뜻한 봄 햇살을 만끽하였다. 그런 새끼 먹구렁이의 눈에 가장 아름답게 보인 것은 서로 손을 잡고 이야기를 나누며 걸어가는 어린아이들이었다. 아이들이 "나는 자라서 꼭 화가가 될 거야", "나는 시인이 될 거야", "나는 농부가 될 거야", "나는 대통령이 될 거야"라며 서로의 꿈을 이야기하는 것을 들은 먹구렁이는 "나는 이다음에 자라서 무엇이 될까"라는 생각을 하기 시작했다. 사실 기껏해야 "어른 먹구렁이밖에 될 수 없는 처지"였지만 새끼 먹구렁이는 분단이 되어 남한의 최북단 정류장까지밖에 가지 못하는 기차를 보며 장차 멋진 기차가 되어 사람들을 태우고 군사 분계선을 넘어가는 통일 기차가 되겠다는 꿈을 가진다.50) 물론 이 꿈은 새끼 먹구렁이만의 상상에 불과했고 머지않아 이런 꿈조차 포기할 수밖에 없었다. 왜냐하면 새끼 먹구렁이 앞에서 "꿈을 이야기하며 지나간 어린이들"에 의해 죽임을 당했기 때문이다.

　"저것 봐! 아직 구렁이가 살아 있구나. 때려잡자. 잡아!" 먹구렁이는 깜짝 놀랐습니다. 재빨리 몸을 움직여 달아나려고 했습니다. 그러나 아이들이 먼저 길을 막아섰습니다. 돌멩이가 한꺼번에 빗발처럼 날아왔습니다. 뾰족한 돌멩이 하나가 등을 찔렀습니다. 먹구렁이는 한 바퀴 몸뚱이를 뒤틀며 꿈틀거렸습니다. 하얀 비늘의 배가 바깥쪽으로 나와 번쩍였습니다. 돌멩이는 자꾸만 날아와 박혔습니다. 동강동강 몸뚱이가 잘려 나갔습니다. 아이들의 고함 소리가 들렸습니다. "죽여라, 죽여! 하와를 속이고 독이 든 능금을 따먹게 한 악마야!" 먹구렁이는 그 소리를 분명히 들었습니다. 목 아래에서 잘린 머리통이 아직도 피가 엉긴 채 눈은 뜨여 있었습니다. 자꾸만 하얗게 흐려지는 그 눈으로 둘러선 아이들을 쳐다보았습니

다. 분홍빛 둥근 얼굴에 슬기로운 까만 눈이 안타깝도록 귀여웠습니다.[51]

새끼 먹구렁이가 굴속에서 나와 본 것들 가운데 가장 아름답게 느꼈던 어린이들에 의해 잔인하게 죽임을 당한 것이다. 이 대목에서 세 가지를 고민하게 된다. 첫째, 동물로서의 뱀은 곧 사탄이라고 생각하는 몰이해의 신앙이다. 둘째, 다른 동물의 목숨을 인간이 임의로 할 수 있다고 생각하는 인간 중심적인 사고이다. 셋째, 사람이 선천적으로 악하다는 성경의 언급이다(창세기 8:21). 이 세 가지는 하나의 잘못된 인식에서 비롯되었다고 볼 수 있다. 그것은 인간을 만물의 주인으로 생각함으로써 나타나는 폐해이기 때문이다.

창세기 제1장 28절은 인간이 모든 만물을 자의적으로 할 수 있는 존재라고 곡해하는 근거로 삼아온 대표적인 성경 본문이다.[52] 그렇지만 창세기의 창조 기사는 인간의 청지기 사명을 강조한다. 즉 하나님께서 창조하신 세상을 잘 관리하는 것이지 인간이 임의로 주관할 수 없는 것이다. 이런 측면에서 볼 때 성경의 창조 기사는 생태계 회복을 강조하는 본문으로 보기에 충분하다. 즉 창세기의 창조 기사를 곡해함으로써 생태계를 파괴하는 것은 비기독교적 행태일 수밖에 없다. 뱀 또한 하나님의 창조물이고 자연에서 자신의 역할에 충실한 구성원임을 생각해 볼 때, 이 작품에 등장하는 어린아이들처럼 성경의 인죄론(人罪論)을 말하며 뱀을 잔인하게 죽이는 것은 오히려 성경의 본질에 반하는 행동일 수밖에 없다. 이런 측면에서 볼 때 생태적 사고는 사실 성경에 부합하는 사고임을 알 수 있다. 이를 통해 우리는 인간이 아닌 동물의 시각에서 볼 때 성경에 부합하는 생태의식을 견지할 수도 있음을 배울 수 있다.

앞서 언급한 것처럼 권정생의 동화들 중에는 동물의 관점에서 창작한 작품들이 많다. 이는 인간과 동물이 상생하는 세상을 꿈꾸는 권정생의 염원을 의미한 것이다. 생태 위기는 생태를 파괴하는 인간 중심의 사고에서 벗어날 때 극복된다. 이는 성경에서 지향하는 가치이기도 하다. 권정생의 동화는 그릇된 성경 인용이 생태계에 어떤 폐해를 끼치는지를 잘 보여준다. 성경은 결코 인간 중심의 생태관이 아니라 인간과 동물이 상생하는 생태관을 지지한다. 권정생의 동화는 이것이 생태계에 대한 성경적 관점임을 분명하게 드러낸다. 권정생의 다음과 같은 동화적 상상은 우리에게 참으로 두렵게 다가오기까지 한다.

> "만약에 소가 인간들보다 지능이 높아서 거꾸로 사람을 부리고 새끼를 퍼뜨리기 위해 이런 인공 수정이란 가당치도 않은 일을 했다면 어찌 될까?"[53]

이는 한국 교회의 인간 중심 생태적 사고에 대한 준엄한 꾸짖음이 아닐 수 없다. 그뿐만 아니라 창조 섭리로의 회복을 위한 한국 교회의 생태적 실천 과제를 제시해주고 있다.

V. 동시에 나타난 생태의식

권정생은 평생 농촌에 살며 글을 썼기에 그의 산문과 동화는 물론 동시에도 생태의식이 나타난다. 그러므로 본 글에서 생태의식이 나타나는 그의 동시들을 모두 언급하는 것은 불가능하다. 단지 여기서는 1972년 출간된 그의 동시집 『산비둘기』에 수록된 동시 두 편을 언급함으로써 그의 생태의식을 고찰하려고 한다.

권정생의 동시집 『산비둘기』에는 '에덴동산'을 묘사한 두 편의 동시가 수록되어 있는데, 이 두 편의 동시에는 그의 생태의식이 잘 드러난다. 이를 통해 성경에서 말씀하는 인류의 낙원인 에덴동산을 생태계 회복에서도 사유하고 있음을 알 수 있다. 그의 동시 「모래밭에」와 「초록 아파트」가 그러한 작품이다.

먼저 「모래밭에」를 살펴보도록 하자.

민이는 이만치 크게
우리 예배당

준이는 더 더 크게
하나님 집[54)]

이 동시에서는 먼저 자신이 다니는 교회당을 크게 지어보려는 어린이의 순수한 마음이 엿보인다. 하나님의 집을 "더 더 크게" 만드는 준이의 모습에서 동심의 가장 순수한 모습이 발견된다. 어린이의 상상 속에서 하나님은 참으로 크신 분이지만, 하나님이 얼마나 크신 분인지 설명하기는 어렵다. 왜냐하면 '만유보다 크신 하나님' 등의 표현은 어린이에게 피상적인 이해로 다가오기 때문이다. 그렇지만 어린이들은 하나님을 친근하게 생각하기 때문에 가시적인 존재로 생각한다. 다만 구체적으로 하나님의 모습을 알 수 없기에 하나님의 집을 '예배당보다 더 더 크게 만들어야 한다'라고 함으로써 하나님

의 거룩하신 속성을 표현한다.[55]

> 햇볕 쨍쨍
> 여름 한낮
>
> 두꺼비 집 질까?
> 굼벵이 집 질까?

이 동시의 "햇볕 쨍쨍 여름 한낮 두꺼비 집 질까? 굼벵이 집 질까?"라는 표현에서 권정생은 어린이의 입을 빌려 그의 생태의식을 드러내었다. 농촌교회에서 아이들을 가르친 권정생은 누구보다도 자연스럽게 생태적 사고를 하였다. 권정생에게 에덴동산은 굼벵이와 두꺼비도 공존하는 곳이다. 이처럼 인간과 동물이 조화를 이루며 사는 모습은 창세기 제1장에 묘사된 에덴동산에 비추어볼 때 자연스럽다.

> 영이는 조그맣게
> 아기 예수의 집
>
> 사과나무 감나무
> 꽃 포기도 심고
>
> 물총새 날아가는
> 냇가 모래밭에
>
> 에덴동산이
> 만들어졌다.

어린이들은 사과나무, 감나무, 꽃 포기도 심어 예쁘게 가꾼 아기 예수의 집을 짓는다. 어느덧 "물총새 날아가는 냇가 모래밭에 에덴동산이 만들어졌다." 황무지 같은 모래밭에 어린이들의 맑은 동심은 하나님이 기뻐하시는 에덴동산을 만들었다.

이번에는 「초록 아파트」를 살펴보도록 하겠다.

초록 이파리
모자이크

까치 아가들이
갸웃갸웃
내다보는
동그란 창문

파란 커튼을
드리운
꾀꼬리 님 방

하루 종일
예쁜 가락
피아노 소리[56)]

권정생은 새들이 사는 초록빛 숲을 "초록 아파트"라고 비유하였다. 이 작품에 나오는 세계는 참으로 평화롭다. 높은 나뭇가지에 지은 둥지에서 까치 아가들이 갸웃갸웃 내려다보는 모습은 생각만 해도 사랑스럽다. 꾀꼬리가 사는 둥지는 무성한 푸른 잎에 가려 보이지 않지만, 그곳에서 마치 피아노 연주를 하듯 온종일 예쁜 노래를 부른다.

불붙는 듯
뜨거운 볕에

솔개 아저씨가
불러온
소낙비 소방대

쏴와 쏴아
물 뿌리고
지나간 다음
열린 창문마다
무지개 핀다.

　견디기 어려운 여름 한낮에는 솔개 아저씨가 소낙비 소방대를 몰
고 와서 "쏴와 쏴와" 물을 뿌려서 열기를 가라앉혀 준다. 자연의 법
칙에서는 다른 새들에게 천적인 솔개가 이 작품에서는 까치 아가들,
꾀꼬리 등 숲속 새들이 쾌적한 삶을 살도록 도움을 준다. 동심의 세
계에서는 이처럼 서로 해함이 없이 돕고 살아가는 삶이 가능하다.
시원하게 소나기가 퍼부은 뒤 초록 숲은 아롱아롱 무지개가 수놓은
아름다운 광경을 연출한다. 그래서 더운 여름살이도 숲속 주민인 새
들에게는 즐겁기만 하다. 초록 아파트에서 밤낮 노랫소리가 그치지
않는 이유가 여기에 있다. 이렇게 아름다운 숲속은 그야말로 하나님
께서 처음 만드신 에덴동산이다. 권정생이 말하는 에덴동산은 동심
으로 가득한 곳이다. 사람과 온갖 동물이 어우러져 행복하게 사는
곳이다. 그의 동시 "초록 아파트"에서도 솔개가 다른 새들이 안락한

삶을 살 수 있도록 도와주는 역할로 등장함으로써 하나님이 다스리는 나라의 모형을 보여준다.

이것은 일종의 생태학적 이상향이다. 권정생의 동시에 나타나는 에덴동산은 생태계 회복과 무관하지 않다. 그곳에서는 사람과 동물이 공존한다. 강자와 약자의 구분이 없다. 오히려 강자는 약자를 보호한다. 물론 이 땅의 생태계는 먹이 사슬을 벗어나지 못한다는 한계가 있지만, 권정생의 동시는 하나님이 만드신 처음 세상이 이렇듯 먹이 사슬을 초월하여 인간을 포함하여 모든 동물이 평화롭게 공존하는 곳이었음을 드러낸다. 이런 세상은 권정생이 꿈꾼 인류가 회복해야 할 세상이다. 권정생의 생태의식은 하나님이 처음 창조하신 세상으로의 회복과 연관되어 있으며 생태계 회복을 지향한다. 궁극적으로는 먹이 사슬을 초월하는 생태계의 회복으로 말이다.[57) 이는 한국 교회가 지향해야 할 '하나님의 나라 회복'이 반드시 담아내어야 하는 모습이다.

VI. 나가는 말

한국 교회는 1970년대 산업화 시기의 성장을 하나님께서 주신 복이라고 생각한다. 그러나 권정생은 '그것이 진정한 의미에서 복인가?'라는 질문을 던졌다. 왜냐하면 그는 한국 교회가 산업화에 편승함으로써 생태계 파괴를 묵인하고 고귀한 가치를 잃었다고 보았기 때문이다. 앞서 언급한 것처럼 권정생은 "풍요로운 삶이란 새 한 마리까지 함께 이웃하며 살아가는 것이지 인간들끼리만 먹고 마시고 즐기는 건 더럽고 부끄러운 삶"이라고 단언하였다. 더 나아가 생태계 파괴는 인간에게서 나타나는 심각한 죄임을 강조하였다. 이를 통해 권정생은 한국 교회의 추상적인 죄 이해와 복 이해에 대한 재고를 촉구하였다. 지구의 종말이 생태계 파괴의 결과일 수 있다는 권정생의 충고는 한국 교회가 결코 간과할 수 없는 경고이다.

권정생 동화 중 대다수는 이러한 생태의식을 표현하고 있다. 이것은 생태 동화를 의도하여 저술하려는 다른 작가들과 권정생의 차이이다. 이 차이는 시골에서 어린이들을 가르치고 작품 활동을 한 권정생의 환경에서 기인했다고 볼 수 있다. 그의 동화에 나타나는 생태의식은 결국 먹이 사슬을 초월한 생태계 회복으로 귀결된다. 그것은 먹이 사슬에서 인간보다 하위에 있는 동물의 관점에서 보는 시각을 가짐으로써 가능하다.

권정생의 동화에서 발견되는 중요한 사실은 성경이 결코 생태계에 대한 인간 중심의 사고를 지지하지 않는다는 것이다. 창세기 제1장 창조 기사는 인간이 만물을 지배하며 임의로 주관할 수 있다는 잘못된 인식으로 연결되는 대표적인 성경 본문이다. 창세기 제1장 본문은 결코 인간이 자연을 임의로 지배하는 존재임을 지지하지 않는다. 하나님께서 인간에게 주신 것은 자연을 지배할 권리가 아니라 청지기로서 관리해야 하는 사명이다. 그런 측면에서 볼 때 생태계 파괴를 합리화하는 인간 중심의 사고는 성경에서 지지를 받을 수 없다. 권정생의 동화는 그런 사실을 증언한다. 권정생의 동화적 상상력에 따른 '인간과 짐승의 처지 바꿈'은 참으로 무서운 경고로 다가온다.

먹이 사슬을 초월한 생태계의 회복은 그의 동시에서도 발견된다.

권정생은 그것을 하나님께서 처음 만드신 인류의 낙원 에덴동산으로 소급한다. 왜냐하면 하나님이 만드신 처음 세상은 이렇듯 먹이 사슬을 초월하여 인간을 포함, 모든 동물이 평화롭게 공존하는 곳이기 때문이다. 그것은 인류가 회복해야 할 하나님 나라의 모습이기도 하다. 이처럼 권정생에게 생태계 회복은 하나님 나라의 회복으로 귀결된다. 그러므로 생태계 회복을 통한 하나님 나라 회복은 관념이 아닌 한국 교회의 적극적인 실천 과제일 수밖에 없다.

물론 먹이 사슬을 초월한 생태계의 회복은 이 세상에서 이루어질 수 없다. 이곳은 먹고 먹히는 자연 질서의 지배를 받기 때문이다. 하나님께서 다스리는 세상으로 회복될 때 먹이 사슬을 초월한 생태계의 회복도 이루어질 것이다. 하나님께서 창조하신 세상으로의 회복은 눈물 없는 세상으로의 회복이다.[58] 하지만 그리스도인은 이 세상에서 그 이상향을 망각해서는 안 되고 끊임없이 지향하며 살아가야 한다. 그러므로 아래에 언급하는 이사야 선지자의 선언은 그리스도인에게 이상적이지만 동시에 현실적일 수밖에 없다.

> 그때 이리가 어린 양과 함께 살며 표범이 어린 염소와 함께 누우며 송아지와 어린 사자와 살진 짐승이 함께 있어 어린아이에게 끌리며 암소와 곰이 함께 먹으며 그것들의 새끼가 함께 엎드러지며 사자가 소처럼 풀을 먹을 것이며 젖 먹는 아이가 독사의 구멍에서 장난하며 젖 뗀 어린아이가 독사의 굴에 손을 넣을 것이라. 내 거룩한 산 모든 곳에서 해 됨도 없고 상함도 없을 것이니 이는 물이 바다를 덮음같이 여호와를 아는 지식이 세상에 충만할 것임이라 (이사야 11:6-9).

미주

1) 동화 작가이자 시인이었던 권정생은 1937년 일본의 도쿄에서 출생하였다. 그는 140편의 단편동화, 5편의 장편동화, 100편이 넘는 동시와 동요 등을 남겼으며 2007년 대구에서 소천했다.

2) 이오덕, "대추나무를 붙들고 운 동화 작가,"『권정생의 글 모음: 오물 덩이처럼 뒹굴면서』, 이철지 엮음 (서울: 종로서적, 1986), 299.

3) 박건, "<강아지 똥>의 작가 권정생 잠들다," (2007년 5월 18일 자 오마이뉴스 기사) http://www.ohmynews.com/NWS_Web/view/at_pg.aspx?CNTN_CD=A0000411076. 2020년 10월 30일 오전 0시 24분 검색.

4) 권정생, "다시, 김 목사님께,"『권정생의 글 모음: 오물 덩이처럼 뒹굴면서』, 167-168.

5) "권정생 연보,"『권정생의 삶과 문학』, 원종찬 엮음 (서울: 창비, 2013), 374.

6) 권정생, "작가인터뷰: 저것도 거름이 되 가지고 꽃을 피우는데」,『권정생의 삶과 문학』, 50.

7) 권정생, "목생(木生) 형님,"『권정생의 글 모음: 오물 덩이처럼 뒹굴면서』, 157.

8) 권정생, "목생(木生) 형님," 157.

9) 권정생, "작가인터뷰: 저것도 거름이 되 가지고 꽃을 피우는데,"『권정생의 글 모음: 오물 덩이처럼 뒹굴면서』, 50-51.

10) 이기영,『작은 사람 권정생』(서울: 단비, 2018), 27.

11) 권정생, "목생(木生) 형님," 159.

12) 권정생, "나의 동화 이야기,"『권정생의 글 모음: 오물 덩이처럼 뒹굴면서』, 155.

13) 권정생, "수기: 오물 덩이처럼 뒹굴면서,"『권정생의 글 모음: 오물 덩이처럼 뒹굴면서』, 207.

14) 권정생, "수기: 오물 덩이처럼 뒹굴면서," 207.

15) 권정생, "수기: 오물 덩이처럼 뒹굴면서," 223.

16) 권정생, "수기: 오물 덩이처럼 뒹굴면서," 224.

17) 권정생, "나의 동화 이야기," 154.

18)『권정생 산문집: 빌뱅이 언덕』은『권정생의 산문집: 오물 덩이처럼 뒹굴면서』에 수록된 글들을 수록한 후 다른 글들을 보충한 책이다. 그러므로 연구자는 두 책에 공통으로 수록된 글의 경우 먼저 출간된『권정생의 산문집: 오물 덩이처럼 뒹굴면서』를 인용하였다.

19) 권정생, "유랑 걸식 끝에 교회 문간방으로,"『권정생 산문집: 우리들의 하느님』(서울: 녹색평론사, 2008), 19-20.

20) 이기영,『작은 사람 권정생』, 125.

21) 권정생, "유랑 걸식 끝에 교회 문간방으로," 20.

22) 오세란, "권정생 동화에 나타난 생태관,"『권정생의 삶과 문학』, 원종찬 엮음 (서울: 창비, 2013), 182

23) 권정생, "십자가 대신 똥 짐을,"『권정생 산문집: 우리들의 하느님』(서울: 녹색평론사, 2008), 35.

24) 권정생, "십자가 대신 똥 짐을," 36.

25) 권정생, "십자가 대신 똥 짐을," 36.

26) 권정생, "십자가 대신 똥 짐을," 34.

27) 권정생, "십자가 대신 똥 짐을," 34-35.

28) 권정생, "사람다운 사람으로,"『권정생 산문집: 우리들의 하느님』, 78.

29) 권정생, "사람다운 사람으로," 78-79.

30) 권정생, "휴거를 기다렸던 사람들,"『권정생 산문집: 우리들의 하느님』, 42.

31) 권정생, "세상은 죽기 아니면 살기인가,"『권정생 산문집: 우리들의 하느님』, 130-131.

32) 권정생, "십자가 대신 똥 짐을," 34.

33) 권정생, "우리들의 하느님,"『권정생 산문집: 우리들의 하느님』, 26.

34) 권정생, "우리들의 하느님," 29. 연구자는 권정생이 말하는 바를 그대로 받아들이는 데에는 동의하기 어렵다. 다만 생태적 측면에서 우리 고유의 문화를 재해석하여 적용할 부분을 찾을 것을 제시하고 싶다.

35) 권정생, "우리들의 하느님," 24.

36) 권정생, "녹색을 찾는 길,"『권정생 산문집: 우리들의 하느님』(서울: 녹색평론사, 2008), 114.

37) 권정생, "사람다운 사람으로," 78.

38) 오세란, "권정생 동화에 나타난 생태관," 182.

39) 권정생,『강아지 똥』(서울: 세종문화사, 1974).

40) 권정생, "아기 늑대 세 남매,"『권정생 유년동화집: 하느님의 눈물』(서울: 도서 출판 산하, 2000), 151.

41) 권정생, "아기 늑대 세 남매," 152-155.

42) 권정생, "아기 늑대 세 남매," 173.

43) 이사야 선지자의 염원은 이 논문 맨 마지막에 언급하려고 한다. 그 이유는 권정생의 문학작품 고찰을 통해 이 논문에서 연구자가 결국 말하려고 하는 것이기 때문이다.

44) 권정생, "황소 아저씨,"『권정생 창작동화집: 짱구네 고추밭 소동』(서울: 웅진출판, 2000), 136-137.

45) 권정생, "황소 아저씨," 137-138.

46) 권정생, "황소 아저씨," 138-139.

47) 권정생, "황소 아저씨," 141.

48) 필자는 수년 전 제주도에 갔을 때 제주 민속촌에 방치되어 있던 토종 돼지를 잊을 수 없다. 토종 돼지는 관광객들의 구경거리가 되기 위해 작은 토담 같은 곳에 방치되어 있었다. 돼지 또한 지능이 높은 동물이기 때문에 사회성 또한 높을 수밖에 없다. 필자와 아내가 토종 돼지의 곁을 지나갈 때 토종 돼지는 자기와 함께 있어 달라는 듯, 혹은 자신을 이 답답한 곳에서 나가도록 해 달라는 듯 절규하는 모습을 보였다. 그때 필자는 인간의 유익을 위해 고등동물의 행복권을 박탈한 인간의 잔인성에 대해 생각해보지 않을 수 없었다.

49) 권정생, "먹구렁이 기차,"『동화집: 먹구렁이 기차』(서울: 우리교육, 2000), 140-142.

50) 권정생, "먹구렁이 기차," 146-153.

51) 권정생, "먹구렁이 기차," 171-172.

52) 본문(한글개역개정판)은 다음과 같다. "하나님이 그들에게 복을 주시며 하나님이 그들에게 이르시되 생육하고 번성하여 땅에 충만하라, 땅을 정복하라, 바다의 물고기와 하늘의 새와 땅에 움직이는 모든 생물을 다스리라 하시니라."

53) 권정생, "태기네 암소 눈물,"『권정생 산문집: 우리들의 하느님』, 87.

54) 권정생, "「모래밭에」.『권정생 동시집: 산비둘기』(서울: 창비, 2020), 24-25.

55) 권정생은 장편동화『하나님이 우리 옆집에 살고 있네요』에서 하나님의 모습을 구체적으로 설명하였다. 이 작품에 나타난 하나님은 평범하고 인심 좋은 이웃 할아버지의 모습이다. 아들 예수님과 이 땅에 오실 때 모든 능력을 내려놓으시고 인간처럼 무기력한 모습으로 오신 하나님은 인간들과 함께 울고 웃으며 분노하는 분이다. 이는 신약성경의 임마누엘 사상을 권정생의 시각에서 설명하고 있을 뿐만 아니라, 어린이처럼 하나님을 친한 분으로 상상할 수 있는 권정생의 동심이 잘 드러난 작품이라고 생각한다. 일찍이 일직교회에서 오랫동안 주일학교 교사로 어린이들을 가르친 권정생이었기에 이처럼 동심에 기반을 둔 하나님에 대한 인식이 가능했을 것이라고 본다.

56) 권정생, "초록 아파트,"『권정생 동시집: 산비둘기』, 38-40.

57) 이 부분에 대하여는 각주 34번의 오세란의 언급을 참조하라. 권정생의 이러한 고민이 가장 잘 드러난 작품은 그의 유년동화「하느님의 눈물」이다. 이 작품에 대한 언급은 본 논문의 지면상 언급하지 못하였기에 필자는 후속 연구에서 이 작품에 대한 깊이 있는 접근을 하려고 한다. 권정생, "하느님의 눈물,"『권정생 유년동화집: 하느님의 눈물』(서울: 도서 출판 산하, 2000), 9-18. 이 논문에서는 본 논문의 종결부에 언급한 구약성경 이사야 11:6-9를 참조하면 도움이 되리라고 본다.

58) 아동 문학가의 상상 속에서 어느 정도 하나님께서 회복하신, 먹이 사슬을 초월한 생태계의 회복에 대한 모형을 그려 볼 수 있으리라 생각한다. 이원수(1912-1981)의 동화『숲속 나라』에는 노래하는 사과들 이야기가 나온다. 어린아이들은 사과나무에 열린 먹음직스러운 사과들을 발견하지만, 사과들이 자신들처럼 말을 하고 노래까지 부르는 모습을 보면서 먹기를 주저한다. 그러나 사과들은 어린이들에게 "맛있게 우리를 먹어주세요. 그래야 우리는 여러분들과 한 몸이 되어 즐겁게 노래를 부를 수 있답니다. 어서요."라고 말한다. 그 말을 듣고 어린이들은 사과를 맛있

게 먹는다. 결국 사과는 어린이들과 한 몸이 되어 즐거운 노래를 부른다. 이원수, 『숲속 나라』(서울: 웅진, 2003). 물론 이원수의 문학적 상상력이 하나님께서 회복하신, 먹이 사슬을 초월한 생태계 회복을 그대로 말한 것이라고 볼 수는 없지만, 이처럼 문학적 상상력 속에 나온 세계는 하나님께서 회복하신, 먹이 사슬을 초월한 생태계 회복의 좋은 모형이라고 생각한다.

참고문헌

제1부 생태 위기와 관련된 이론적 배경

제1장 생태 위기와 근대 개발 이데올로기 (박성철)

국내 저서 및 논문

노대영, 김지민, 김찬영. "강박 장애의 개념과 진단기준의 변천과 향후 방향."
　　「Anxiety and Mood」 6/2 (2010): 93-101.

조효제. 『인권의 문법』. 서울: 후마니타스, 2007.

번역서

난바로, 시게로/윤인로 옮김. 『국가와 종교: 유럽 정신사 연구』. 서울: 소명출판,
　　2020.

프란쯔, 아우구스트/최석우 옮김. 『교회사』. 칠곡: 분도출판사, 1996.

호프, 데브라 외/최병휘 옮김. 『사회 불안증의 인지행동치료; 사회불안 다스리기』.
　　서울: 시그마프레스, 2007.

해외 저서 및 논문

Barth, Karl. *Der Römerbrief (Erste Fassung) 1919*. ed. Hermann Schmidt.
　　Zürich: TVZ, 1985.

_____. *Der Römerbrief (Zweite Fassung) 1922 [= Römerbrief 2]*, eds. Cornelis
　　van der Kooi & Katja Tolstaja, *Karl Barth-Gesamtausgabe*, Abt. II.
　　Akademische Werke 1922. Zürich: TVZ, 2010.

_____. *Rechtfertigung und Recht*. Zürich: EVZ, 1970.

Begon, Michael & Townsend, Colin R. & Harper, John L. *Ecology: From
　　Individuals to Ecosystems*. 4th Edition. Oxford: Blackwell Publishing,
　　2006.

Benjamin, Walter. *Gesammelte Schriften*. Band VI. Frankfurt a. M.: Suhrkamp

Verlag, 1985.

Buber, Martin. *Ich und Du*. Stuttgart: Reclam, 2009.

Bultmann, Rudolf. *Die Geschichte der synoptischen Tradition*, Zweite neu bearbeitete Auflage. Göttingen: Vandenhoeck & Ruprecht, 1931.

Burckhardt, Jacob. *Die Kultur der Renaissance in Italien*. Berlin: Deutsche Buch-Gemeinschaft, 1936.

Gollwitzer, Helmut. *Die kapitalistische Revolution*. München: Chr. Kaiser Verlag, 1974.

Heidegger, Martin. *Sein und Zeit*. Tübingen: Max Niemeyer Verlag, 1967.

Horkheimer, Max & Adorno, Theodor W. *Dialektik der Aufklärung. Philosophische Fragmente*. Frankfurt a. M.: S. Fischer Verlag, 1998.

Mark, Karl. *Das Kapital. Kritik der politischen Ökonomie*. Erster Band. Buch I: *Der Produktionsprozeß des Kapitals, Karl Marx Friedrich Engels Werke [= MEW]*, Band 23. Edited by Institut für Marxismus-Leninismus beim ZK der SED. Berlin: Dietz Verlag, 1962.

Meyer-Abich, Kl. M. *Wege zum Frieden mit der Natur. Praktische Naturphilosophie für die Umweltpolitik*. München: C. Hanser, 1984.

Merchart, Carolyn. *The Death of Nature: Women, Ecology, and the Scientific Revolution*. San Francisco: Harper & Row, 1983.

Moltmann, Jürgen. *Ethik der Hoffnung*. Gütersloh: Gütersloher Verlaghaus, 2010.

Pangritz, Andreas. "Helmut Gollwitzers Schrift über die 'Kapitalistische Revolution'." In Gollwitzer, Helmut. *Die Kapitalistische Revolution*, 7-24. Tübingen: TVT Medienverlag, 1998.

Rousseau, Jean-Jacques. *Du Contrat Social ou Principes du droit politique*. Leipsic, 1762; 1796.

Schleiermacher, F. D. E. *Über die Religion. Reden an die Gebildeten unter ihren Verächtern(1799)*, ed. Günter Meckenstock. Berlin/New York: Walter de Gruyter, 2001. *Kritische Gesamtausgabe [= KGA]*, Band 1/2, *Schriften aus der Berliner Zeit 1796-1799*, ed. Günter Meckenstock. Berlin/New York: 1984.

Schmitt, Carl. *Politische Theologie: Vier Kapitel zur Lehre von der Souveränität.* Zehnte Auflage. Berlin: Duncker&Humbolt, 2015.

Weber, Max. *Die protestantische Ethik und der Geist des Kapitalismus.* In *Gesammelte Aufsätze zur Religionssoziologie,* Band I, 9. Auflage. Tübingen: J. C. B. Mohr Verlag, 1988.

사전류

Dunlap, Riley E. & Eugene A. Rosa. "Environmental Sociology." In *Encyclopedia of Sociology.* 2nd Edition. Volume 2. New York: Macmillan Reference USA, 2000: 800-813.

Hauck, F. "koino,j," *TDNT* III: 789-809.

"Environment." *Concise Oxford American Dictionary* (Oxford: Oxford University Press, 2006: 301.

제2장 기후 위기, 윤리 그리고 교회 (조영호)

국내 저서 및 논문

김원열 외. 『더불어 사는 세계관』. 서울: 한경사, 2009.

변순용, "생태적 지속 가능성의 생태 윤리적 의미에 대한 연구," 「윤리연구」 85호 (2012), 178; 167-186.

변순용, 김나영, "생태적 지속 가능성의 실천적 의미에 대한 연구," 「초등도덕교육」 33호 (2010): 165-196.

번역서

기든스, 앤서니/홍욱희 옮김. 『기후변화의 정치학』. 서울: 에코리브르, 2009.

닐, 조너선/김종환 옮김. 『기후변화와 자본주의』. 서울: 책갈피, 2011.

맥페이그, 샐리/김준우 옮김. 『기후변화와 신학의 재구성』. 서울: 한국기독교 연구소, 2008.

벡, 울리히. "변화의 기후가 아니면 녹색 근대가 어떻게 가능할까?", 하랄트 벨 처, 한스-게오르크 죄프너, 다나 기제케 편저/모명숙 옮김. 『기후문화.

기후변화와 사회적 현실』. 서울: 성균관대학교출판부, 2013.

싱어, 피터/구영모 외 옮김. 『이 시대에 윤리적으로 살아가기』. 서울: 철학과
현실사, 2008.

_____/김희정 옮김. 『세계화의 윤리』. 서울: 아카넷, 2003.

안탈, 짐/한성수 옮김. 『기후교회』. 고양: 생태문명연구소, 2019.

요나스, 한스/이진우 옮김. 『책임의 원칙』. 서울: 서광사, 1994.

포스터, 존 벨라미/추선영 옮김. 『생태계의 파괴자 자본주의』. 서울: 책갈피,
2007.

뵈터, 베른하르트/정현경 옮김. 『기후변화의 먹이 사슬: 가해자와 피해자, 그
리고 이득을 보는 사람들』. 서울: 이후, 2011.

해외 저서 및 논문

Barber, Benjamin. *Consumed. Wie der Markt Kinderverführt, Erwachsene
infantilisiert und die Demokratie untergräbt.* München: C. H. Beck,
2008.

Beck, Ulrich. *Die Risikogesellschaft.* Frankfurt a. M: Suhrkamp, 2003.

_____. Ulrich Beck, "Klima des Wandels oder Wie wird die grüne Moderne
möglich?." In *KlimaKulturen. Soziale Wirklichkeiten im Klimawandel,*
33-48. Frankfurt a. M.: Campus, 2010.

Brand, Karl-Werner & Cordula Kropp. "Naturverständnisse in der Soziologie."
In *Naturverständnisse in der Nachhaltigkeitsforschung,* edited by Dieter
Rink & Monika Wächter. Frankfurt a. M.: Compus, 2004.

Brueggemann, Walter. *The Land.* Philadelphia: Fortress Press, 1977.

Caputo, John D. *More Radical Hermeneutic: On Not Knowing Who We Are.*
Bloomington: Indiana University Press, 2000.

Conrad, Jobst. *Von Arrhenius zum IPCC: Wissenschaftliche Dynamik und
disziplinäre Verankerungen der Klimaforschung.* Münster: Monsenstein
und Vannerdat, 2008.

Daschkeit, Achim, & Wolf R. Dombrowsky. "Die Realität einer Katastrophe.
Gesellschaftliche Diskurse zum Klimawandel." In *Ökologische Aufklärung.
25 Jahre „Ökologische Kommunikation,* "edited by Christian Büscher &

Klaus-Peter Japp, 69-95. Wiesbaden: Springer, 2010.

EKD. *Umkehr zum Leben. Nachhaltige Entwicklung im Zeichen des Klimawandels.* Gütersloh: Gütersloher, 2009.

EKD/DBK, *Verantwortung wahrnehmen für die Schöpfung* (Hannover/Bonn: Verlagshaus Mohr, 1985)

Fromm, Erich. *Haben oder Sein.* Stuttgart: Dt. Bücherbund, 1977.

Giddens, Anthony. *Jenseits von Links und Rechts.* Edited by Ulrich Beck. Frankfurt a. M.: Suhrkamp, 1997.

Heidegger, Martin. *Vorträge und Aufsätze.* Stuttgart: Klett-Cotta, 1994,

_____. "Die Zeit des Weltbildes." In: *Holzwege*, 75-113. Frankfurt a. M.: V. Klostermann, 1977.

_____. "Die Kehre." In *Die Technik und die Kehre.* Pfullingen: Neske, 1962.

Hösle, Vittorio. *Philosophie der ökologischen Krise.* München: C. H. Beck, 1991.

Intergovernmental Panel on Climate Change (IPCC). *Climate Change 2007: The Physical Science Basis. Contribution of Working Group I to the Fourth Assessment Report of the IPCC.* Genf, 2007.

King Jr., Martin Luther. *Testament of Hope.* San Francisco: Haper & Row, 1986.

Lemons, John. "Atmospheric Carbon Dioxide: Environmental Ethics and Environmental Facts." *Environmental Ethics*, Vol. 5 (1983).

McFague, Sallie. *Life Abundant: Rethinking Theology and Economy for a Planet in Peril.* Minneapolis: Fortress Press, 2000.

_____. *The Body of God: An Ecological Theology.* Minneapolis: Fortress Press, 1993.

Moltmann, Jürgen. *Hoffen und Denken. Beiträge zur Zukunft der Theologie.* Neukirchen-Vluyn: Neukirchener, 2016.

_____. *Gott in der Schöpfung: Ökologische Schöpfungslehre.* München: Kaiser, 1985.

Münk, Hans J. "Von der Umweltproblematik zur Nachhaltigen Entwicklung." In *Christliche Identität in pluraler Gesellschaft*, edited by Hans J Münk & Michael Durst. Freiburg: Paulusverlag, 2006.

Narjoko, D. A. & E. Jotzo, "Survey of the Recent Developments." *Bulletin of Indonesian Economic Studies* 43/2 (2007): 143-169.

Welzer, Harald. Hans-Georg Soeffner & Dana Giesecke. "KlimaKulturen." In *KlimaKulturen*. Frankfurt a. M.: Campus, 2010.

_____. *Klimakriege. Wofür im 21. Jahrhundert getötet wird*. Frankfurt a. M.: Fischer, 2008.

World Commission on Environment and Development. Report of the World Commission on Environment and Development: Our Common Future. Oxford: Oxford Univ. Press, 1987.

제3장 COVID-19 위기 그리고 환경과 신학의 과거와 미래 (안주봉)

번역서

그린, 로버트 편/이동하 옮김. 『프로테스탄티즘과 자본주의: 베버 명제와 그 비판』. 서울: 종로서적, 1981.

데이비스, 마이크/정병선 옮김. 『조류독감』. 파주: 돌베개, 2008.

벨, 다니엘/박형신, 김원동 옮김. 『탈산업사회의 도래』. 서울: 아카넷, 2006.

보프, 레오나르도/김항섭 옮김. 『생태 신학』. 서울: 가톨릭출판사, 2013.

앵거스, 이안/김현우 옮김. 『기후 정의』. 서울: 이매진, 2012.

헨드리, 조지/강성두 역. 『자연신학』. 서울: 대한기독교서회, 1993.

해외 저서 및 논문

Conradie, Ernst M. "Christianity." in *Routledge Handbook of Religion and Ecology*, edited by Willis J. Jenkins & Mary Evelyn Tucker & John Grim. New York: Routledge, 2018: 70-78.

Mascall, Eric L. Christian. *Theology and National Science*. New York: Ronald Press, 1956.

신문기사

정유진. "'통제 안 받는 자본주의, 새로운 독재일 뿐' 교황 '사제로서의 훈계'

공개," 경향신문 2013년 11월 27일 자 기사. http://news.khan.co.kr/
kh_news/khan_art_view.html?artid=201311272102301#csidx46383ede0
4aa2479b879c09e2f9f699. 2021년 3월 31일 검색.

제2부 생태 위기와 관련된 현실 인식과 실천

제1장 강아지 키우는 엄마 설교자의 생태실천신학 이야기 (강호숙)

국내 저서 및 논문

강호숙. 『성경적 페미니즘과 여성 리더십』. 서울: 새물결플러스, 2020.
_____. "개혁교회 내 성차별적 설교에 대한 여성 신학적 고찰." 「한국기독교
　　　신학 논총」 102 (2016): 301-326.
구자용. "야웨, 동물의 주." 「구약논단」 21/2 (2015): 205-235.
김민정. "애완동물, 반려동물과 버려지는 동물, 인간소외." 「문화과학」 76
　　　(2013): 130-149.
김세영, 박형인. "반려동물 효과: 반려동물 소유와 심리적 건강 간 관계의 메
　　　타분석 연구." 「사회과학연구」 28/1 (2017): 101-115.
김순환. "실천신학의 학문적 위치와 방법론." 『복음주의 실천신학 개론』. 서울:
　　　도서 출판 세복, 2002.
_____. "목회학," 『복음주의 실천신학 개론』.
김요한. 『내 인생의 36.5도』. 서울: 새물결플러스, 2020.
김원정, 정윤미. "지난 2년, 20만 명 이상 동의 얻은 국민 청원 40%가 젠더
　　　이슈." 「KWDI Brief」 제52호 (2019): 1-9.
김은혜. "자연과 여성 사이의 연관성에 대한 생태 여성주의와 여성 신학의 대
　　　화-기독교 문화 윤리학 형성을 위한 제언," 「한국기독교 신학 논총」
　　　30/1 (2003): 417-448.
박근원. 『현대 신학 실천론』. 서울: 대한기독교서회, 2002.
백영기. "영성, 자연, 문화의 삶을 일구는 쌍샘 자연교회." 「선교와 신학」
　　　44(2018): 109-134.
안은찬. 『칼뱅의 목회 신학』. 서울: CLC, 2007.

이문규. "폴 틸리히의 신학과 설교." 「한국기독교 신학 논총」 59 (2008): 175-198.

이정은. "정의, 분배 정의, 그리고 여성-마이클 샌델의 『정의란 무엇인가』의 논의에 기초하여." 「한국여성 철학」 15(2011): 151-179.

이현재. "신자유주의 시대 젠더 정의와 '유리천장 깨뜨리기': 변혁적 논의를 위한 비판 페미니즘의 제안." 「젠더와 문화」 2(2019): 43-73.

전현식. "지구적 위기와 로즈마리 류터의 생태 여성 신학." 「기독교 사상」 2010년 9월호: 260-279.

_____. "생태 여성 신학의 영성 고찰," 「신학 논단」 43 (2006): 413-438.

정일웅. 『한국 교회와 실천신학』. 서울: 도서 출판 이레서원, 2002.

황성철. 『개혁주의 목회 신학』. 서울: 총신대학교출판부, 2000.

번역서

게이틀리, 에드위나/황애경 옮김. 『따뜻하고 촉촉하고 짭쪼롬한 하느님』. 서울: 분도출판사, 1998.

다우니, 마이클/안성근 옮김. 『오늘의 기독교 영성 이해』. 서울: 은성, 2001.

린지, 앤드류/장윤재 옮김. 『동물 신학의 탐구』. 대전: 도서 출판 대장간, 2014.

류터, 로즈마리 래드퍼드/전현식 옮김. 『가이아와 하느님』. 서울: 이화여자대학교 출판부, 2006.

_____/손승희 옮김. 『새 여성 새 세계: 여성 차별주의와 인간의 해방』. 서울: 현대사상 총서, 1975.

매슈스, 앨리스 P./장혜영 옮김. 『여성을 위한 설교』. 서울: 새물결플러스, 2016.

맥페이그, 샐리/김준우 옮김. 『기후변화와 신학의 재구성』. 고양: 한국기독교 연구소, 2019.

보프, 레오나르도/김항섭 옮김. 『생태 신학』. 서울: 가톨릭출판사, 2013.

브리저, 프란시스, 데이비드 아트킨슨/이정기 옮김. 『상담 신학』. 서울: 예영미디어, 2002.

비올라, 프랭크/박영은 옮김. 『1세기 관계적 교회』. 서울: 미션 월드, 2006.

엘룰, 쟈크/쟈크 엘룰 번역위원회 옮김. 『뒤틀려진 기독교』. 서울: 도서 출판 대장간, 1998.

코메니우스, 요한 아모스/정일웅 옮김. 『범교육학』. 서울: 도서 출판 그리심, 2003.

_____/이숙종 옮김. 『빛의 길』. 서울: 여수룬, 1999.

투르니에, 폴/홍병룡 옮김. 『여성, 그대의 사명은』. 서울: IVP, 2003.

폰브라운, 크리스티나, 잉에 슈테판/탁선미, 김륜옥, 장춘익, 장미영 옮김. 『젠더 연구』. 서울: 나남, 2002.

프레이저, 낸시, 액셀 호네트/김원식, 문성훈 옮김. 『분배냐, 인정이냐? : 정치 철학적 논쟁』. 서울: 사월의 책, 2014.

해외 저서 및 논문

Comenius, John. A., *The Labyrinth of the World and The Paradise of the Heart*. Translated & Introduced by Howard Louthan & Andrea Sterk. Preface by Jan Milic Lochman. New Youk: Paulist Press, 1998.

Dahill, Lisa E. & Martin-Schramm, James B. "Eco-Reformation: Grace and Hope for a Planet in Peril." *Christian Century* (August, 2. 2017): 306.

Rottenberg, Catherine. *The Rise of Neoliberal Feminism*. Oxford: Oxford University. Press, 2018.

Simmons, Gary & Walter, Tony. "Spot the Men: The Relation of Faith and Gender." *The Third Way* 11/4(April, 1988): 10-11.

신문기사

이근영. "온난화, 화석 연료 다 끊어도 못 막는 지경… 살길은 '채식 생활'." 한겨레신문 2020년 11월 9일 자 기사. http://www.hani.co.kr/arti/science/science_general/969187.html. 2021년 3월 24일 검색.

웹사이트

국립축산과학원 홈페이지: www.nias.go.kr.

기독교 환경교육 센터 살림 홈페이지: m. blog. daum.net/echochrist.

국내 저서 및 논문

노영상. "인간 중심적 생태 신학, 신 중심적 생태 신학, 생태 중심적 생태 신학의 통합으로써의 삼위일체론적 생태신학(Trinitarian Ecotheology)을 향하여."「장로교회와 신학」 7 (2010): 93-120.

이수봉.『북한 선교학의 기초 성경적 통일신학』. 서울: 한모임, 2020.

_____. "통일 선교 교육영역 평가와 제안." 북한사역목회자협의회 정기세미나 자료집「2020 북한 사역 영역별 현황과 전망」, 숭실대학교, 2020년 11월 12일.

전현식. "기후변화와 현대상태 담론의 흐름."「기독교 사상」 616호 (2010. 4): 236-255.

_____. "기후변화와 샐리 맥페이그의 생태 신학,"「기독교 사상」 619호 (2010.7): 238-253.

조용훈.『동서양의 자연관과 기독교 환경 윤리』. 서울: 대한기독교서회, 2006.

번역서 및 보고서

그라나칸, 켄/이상복 옮김.『환경 신학』. 서울: 기독교연합신문사출판국, 2005.

맥클로스키, H. J./김상득 옮김.『환경 윤리와 환경 정책』. 서울: 법영사, 1995.

몰트만, 위르겐/김균진 옮김.『창조 안에 계신 하나님: 생태학적 창조론』. 서울: 대한기독교서회, 2017.

보프, 레오나르도/김항섭 옮김.『생태 신학』. 서울: 가톨릭출판사, 2013.

슈미트, 악셀. "독일 통일 후 내적 통합 – 성과, 도전 그리고 전망." *FES Information Series* 2012-04. 서울: 프리드리히 에버트 재단 한국 사무소, 2018.

앵그스, 이안 엮음/김현우, 이정필, 이진우 옮김.『기후 정의』. 서울: 이매진, 2012.

지벨리니, 로지노/심광섭 옮김. "생태 신학의 최근 흐름."「기독교 사상」 42 (1998.12): 100-110.

칼빈, 존/존칼빈성경주석출판위원회 편역.『창세기 I』(서울: 성서교재간행사, 1982)

화이트, 린/이유선 옮김. "생태계 위기의 역사적 기원." 「과학사상」 창간호
　　　(1992): 283-295.

해외 저서 및 논문

Schmidt, Gravin & Joshua Wolf, *Climate Chang: Picturing the Science*. New
　　　York: W.W. Norton & Company, 2009.

신문기사

손진석. "통일하면 끝? 독일은 아직 '하나' 되지 못했다." 조선일보 2020년 10
　　　월 4일 기사.
https://www.chosun.com/international/europe/2020/10/04/ZQZ4BZ4JJRCUHH
　　　CIZONS6D2X6M. 2021년 3월 31일 검색.

제3장 권정생의 문학작품에 나타난 생활세계 속 생태의식 (홍인표)

권정생 저서

권정생. 『강아지 똥』. 서울: 세종문화사, 1974.
_____. "나의 동화 이야기." 『권정생의 글 모음: 오물 덩이처럼 뒹굴면서』.
　　　이철지 엮음. 서울: 종로서적, 1986.
_____. "다시, 김 목사님께." 『권정생의 글 모음: 오물 덩이처럼 뒹굴면서』.
_____. "목생 형님." 『권정생의 글 모음: 오물 덩이처럼 뒹굴면서』.
_____. "먹구렁이 기차." 『동화집: 먹구렁이 기차』. 서울: 우리교육, 2000.
_____. "세상은 죽기 아니면 살기인가." 『권정생 산문집: 우리들의 하느님』.
　　　서울: 녹색평론사, 2008.
_____. "사람다운 사람으로." 『권정생 산문집: 우리들의 하느님』.
_____. "수기: 오물 덩이처럼 뒹굴면서." 『권정생의 글 모음: 오물 덩이처럼
　　　뒹굴면서』.
_____. "십자가 대신 똥 짐을." 『권정생 산문집: 우리들의 하느님』.
_____. "아기 늑대 세 남매." 『권정생 유년 동화집: 하느님의 눈물』.
_____. "우리들의 하느님." 『권정생 산문집: 우리들의 하느님』.

_____. "유랑 걸식 끝에 교회 문간방으로." 권정생. 『권정생 산문집: 우리들의 하느님』.

_____. "하느님의 눈물." 『권정생 유년동화집: 하느님의 눈물』.

_____. "황소 아저씨." 『권정생 창작동화집: 짱구네 고추밭 소동』. 서울: 웅진출판, 2000.

_____. "휴거를 기다렸던 사람들." 『권정생 산문집: 우리들의 하느님』.

_____, 원종찬. "작가인터뷰: 저것도 거름이 되 가지고 꽃을 피우는데." 『권정생의 삶과 문 학』. 서울: 창비, 2013.

_____. "모래밭에." 『권정생 동시집: 산비둘기』. 서울: 창비, 2020.

_____. "초록 아파트." 『권정생 동시집: 산비둘기』.

국내 저서 및 논문

"권정생 연보." 『권정생의 삶과 문학』. 원종찬 엮음. 서울: 창비, 2013,

박건. "<강아지 똥>의 작가 권정생 잠들다." 오마이뉴스 2007년 5월 18일 자 기사. http://www.ohmynews.com/NWS_Web/view/at_pg.aspx?CNTN_CD=A0000411076. 2020년 10월 30일 검색.

오세란. "권정생 동화에 나타난 생태관," 『권정생의 삶과 문학』.

이기영. 『작은 사람 권정생』. 서울: 단비, 2018.

이오덕. "대추나무를 붙들고 운 동화 작가." 『권정생의 글 모음: 오물 덩이처럼 뒹굴면서』. 이철지 엮음. 서울: 종로서적, 1986.

이원수. 『숲속 나라』. 서울: 웅진, 2003.

생태 위기와 기독교

초판인쇄 2021년 6월 18일
초판발행 2021년 6월 18일

지은이 강호숙·박성철·안주봉·이수봉·조영호·홍인표
펴낸이 채종준
펴낸곳 한국학술정보㈜
주소 경기도 파주시 회동길 230(문발동)
전화 031) 908-3181(대표)
팩스 031) 908-3189
홈페이지 http://ebook.kstudy.com
전자우편 출판사업부 publish@kstudy.com
등록 제일산-115호(2000. 6. 19)

ISBN 979-11-6603-438-1 03230